위험한 일본
경제의 미래

골드만삭스 애널리스트가 찾은 경제 위기 돌파 전략

위험한 일본 경제의 미래

데이비드 앳킨슨 지음 | 임해성 옮김

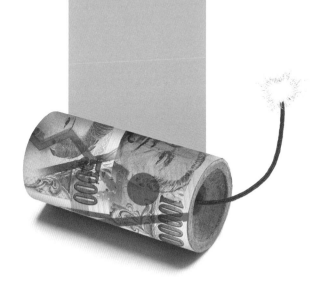

THE NAN
더난콘텐츠

경제위기와 대변환

일본은 지금 패러다임 대변환을 맞이하고 있다.

패러다임이란 특정 시기, 특정 집단 내에서 상식으로 받아들이는 '사고의 틀'을 의미한다. 패러다임이 바뀐다는 것은 그때까지 상식이라고 받아들였던 여러 가지가 크게 바뀌는 쪽으로 이행한다는 것이다. 패러다임의 대변환이 일어나면 그때까지 통하던 방식이 더 이상 통하지 않는다. 당연하다고 생각했던 전제 조건이 크게 바뀌니 대처 방식도 마찬가지로 바꾸지 않으면 안 된다.

일본에서 지금 발생하는 패러다임 대변환의 가장 큰 원인은 인구 감소와 고령화다. 지금까지 인류 역사상 누구도 경험하지 못한 속도와 규모로 인구 감소와 고령화가 진행되고 있다. 시간이 지날수록 인구가 늘어난다는 패러다임에서 시간이 지날수록 줄어든다는 패러다임으로 바뀌고 있다. 지금까지 너무나 당연하게 여겼던 것들이 이제는 당연하지 않게 된다. 커다란 터닝 포인트에 서 있다.

일본에 미래는 없다

인구 감소와 고령화가 진행되는 일본 앞에는 암울한 미래가 기다리고 있다. 이는 위협이 아니라 인구 동향이나 GDP 성장률 등의 자료를 객관적으로 분석하면 누구나 알 수 있는 거의 확실한 미래다. 당장 대책을 강구하지 않으면 일본은 가까운 미래에 개발도상국으로 전락할 것이다. 그러나 아직도 기존의 시스템을 미세조정하면 되지 않겠냐는 식의 임기응변만 있을 뿐이다. 폭풍이 바로 코앞에 다가왔는데도 아무런 위기감도 느껴지지 않는다.

아베 총리는 2019년 10월 소비세를 8퍼센트에서 10퍼센트로 인상했다. 이는 그야말로 미세조정을 통해 사태를 해결하려는 잔재주의의 전형이다. 소비세 인상에 대해 일본 정부는 '사회보장의 부담이 커서 세수를 늘려야 하고, 이를 위해서는 소비세율을 인상할 수밖에 없다'고 설명한다. 그러나 이는 조삼모사의 수준 낮은 논리에 불과하다.

애초에 사회보장제도의 문제점을 내세우기에 앞서 궁극적인 문제는 따로 있다. 세수가 적다는 것인데, 이는 일본인의 소득이 선진국 가운데서도 가장 낮은 수준이기 때문이다. 물론 일본의 소비세율이 다른 선진국과 비교하여 낮은 것도 사실이다. 그러나 소비세의 과세대상이 되는 소비, 그리고 이를 증대시키기 위한 소득을 어떻게 하면 늘릴 수 있는지가 세수 확보를 위한 근본적인 해결방법이 될 것이다. 그런데 소비세율을 겨우 2퍼센트포인트 인상하는 것은 문제의 본질을 회피하는 근시안적이고 일차원적인 대응이라고밖에 볼 수 없다.

앞서 언급했듯 패러다임의 대변환이 일어나는 지금은 과거와는 다른, 지금까지 취하지 않았던 근본적이고 과감한 정책이 필요하다.

언제까지 낡은 상식에 얽매일 것인가

지금 필요한 것은 '기존의 상식'과 거리를 두고 새로운 전제 조건에 맞는 해결책을 이끌어내는 사고다. 일본의 대학을 사례로 이야기해보자.

잘 아는 바와 같이 일본은 일찍부터 저출생으로 인해 어린아이들의 수가 매년 줄고 있다. 1950년에는 전체 인구의 55퍼센트를 차지하던 24세 이하 인구가 2030년에는 18퍼센트까지 줄어들 예정이다.

인구의 55퍼센트가 24세 이하였던 시대에 젊은이를 대학교육의 대상으로 생각하는 것은 대학의 경영전략으로서도, 국가교육의 방향성으로서도 적절한 선택이었다. 그러나 그 수가 18퍼센트까지 줄어드는 상황에서 대학의 경영전략을 대변환하지 않으면 안 된다. 국민의 55퍼센트를 그 대상으로 하던 시대의 사고방식으로 국민의 18퍼센트를 어떻게 교육할 것인지를 논의해서는 안 된다. 이제는 정반대로 국민의 82퍼센트를 어떻게 재교육할 것인지를 과제로 삼아야 한다.

시시각각 변하는 지금의 상황에서 수십 년도 전에 배운 지식이나 경험에서 얻은 식견만으로는 빠르게 대처할 수 없다. 그렇기 때문에 성인을 대상으로 한 재교육이 반드시 필요하다. 게다가 '100세 시대'이니만큼 재교육은 여러 세대에 걸쳐 반복돼야 한다. 바로 여기에 대학이 큰 역할을 수행할 수 있을 것이다.

그러나 현재 일본의 대학들은 줄어든 젊은 학생들을 대상으로 서로 뺏기 위해 선혈이 낭자하는 싸움에만 몰두하고 있다. 이런 모습이 바로 기존의 틀에서 벗어나지 못한 채 고정관념에 빠져 있다는 증거다. 이는 대학에만 국한된 이야기가 아니다. 사회 곳곳에서 기존의 상식에 휘둘리지 않는 새로운 해결책을 모색할 필요가 있다.

외부자의 눈으로 본 일본 경제의 현실

평상시라면 일본의 상황에 가장 정통한 자국의 전문가들이 그 해결 방안을 찾을 수 있을 것이다. 그러나 우리는 지금 대변환의 시대를 맞이하고 있다. 이미 '평상시'가 아니다. 하지만 불행히도 기존의 시스템과 고정관념에 갇혀 새로운 발상을 이끌어내지 못한다. 이는 일본만의 이야기가 아니며 세계 어느 나라에서나 찾을 수 있는 경향이다. 그렇기 때문에 커다란 변혁이 일어날 때는 외부의 시각이나 힘을 빌릴 필요가 커지는 것이다.

이 책을 쓰기 위해 일본의 경제 사정을 파트별로 나눠 해당 파트를 연구한 총 118명의 해외 경제학자들의 논문을 찾아보았다. 객관적인 자료로 본 일본의 현실은 너무도 다른 세계였다.

여러 자료의 분석을 통해 인구 감소와 고령화가 일본 경제에 미치는 영향을 검증했다. 또한 패러다임의 대변환을 맞이하는 일본의 상황을 개선하고 성장시키기 위해 무엇이 필요한지 고찰했다. 그 결과 인구 감소와 고령화가 초래하는 패러다임 대변환을 극복하고, 일본이 다시 일류 선진국의 반열에 오를 수 있는 '기회'가 보이기 시작했다. 이 책에서 그 내용을 가감 없이 소개하고자 한다.

나는 열일곱의 나이에 일본이라는 나라와 운명을 함께하기로 결심했다. 거점을 일본으로 옮겨 살아온 지 벌써 30년의 세월이 지났다. 30년간 일본에서 일어난 다양한 사회현상을 목격했다. 일본 경제의 쇠락과 젊은 세대의 빈곤, 지방의 쇠락, 문화의 쇠퇴 등 가만히 지켜보고만 있는 것이 안타까웠다. 주제넘은 짓이라는 말을 들을지라도 일본을 위해 작은 역할이나마 하고 싶었다. 이것이 나의 진실한 마음이자, 이 책에 담긴 염원이다.

우리는 앞으로 이 위기를 어떻게 바꿀 것인가? 이 책을 계기로 지금까지와는 다른 관점에서 건설적이고 활발한 논의를 통해 상황을 크게 개선할 수 있기를 바란다.

제1장　경제의 골든타임을 놓칠 것인가
: 인구 감소와 고령화 시대

제6장 생산성을 높여라

: 경제성장의 키스톤

제7장 # 인재 육성 훈련은 언제까지 필요한가

: 100세 시대의 교육

경제의 골든타임을 놓칠 것인가

: 인구 감소와 고령화 시대 :

패러다임 대변환 1
: 디플레이션의 시대 :

•

인구 감소와 고령화로 인해 일본 경제의 디플레이션 압력은 앞으로 본격적으로 커질 것이고, 이 상태가 지속될 것이다. 금융정책만으로는 이 문제를 해결할 수 없다. 정말 필요한 것은 꾸준한 임금 인상을 통한 인플레이션 유도책이다.

일본 경제는 거품경제 붕괴 후 2008년 금융위기를 거쳐 디플레이션 상황에 들어섰다. 지금도 여전히 디플레이션의 고통에서 벗어나지 못해 처음에 '잃어버린 10년'이라고 부르던 상황이 '잃어버린 20년'을 지나 이제는 '잃어버린 30년'이 되고 있다.

2012년 말에 출발한 제2차 아베 신조 내각은 '디플레이션 탈출'을 경제정책의 기조로 내세우고, 이른바 '아베노믹스'로 알려진 경제정책을 실시했다. 구체적으로는 디플레이션에서 벗어나기 위한 인플레이션을 목표로 설정하고 이를 위해 대담한 양적완화를 추진한다는 것이었다.

실제로 아베 총리가 임명한 구로다 하루히코 제31대 일본은행 총재는 2퍼센트의 인플레이션을 목표로 전례 없는 대규모 금융 양적완화를 실시했다. 당시에는 정부로서도 이러한 정책을 통해 일본의 디플레이션 상황을 반전시켜 인플레이션으로 대변환할 수 있다고 믿었다.

그러나 실제로는 그 후로 두 차례나 추가 양적완화를 실시했음에도 물가상승률은 목표한 2퍼센트에 도달하지 못했다. 구로다 총재가 시행한 최초의 양적완화로부터 5년 이상이 지난 지금까지도 '디플레이

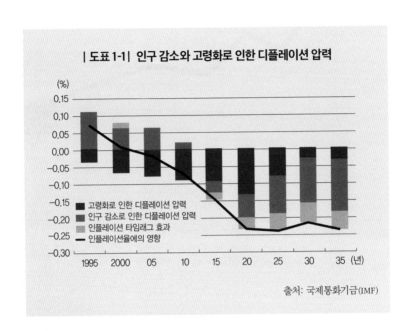

| 도표 1-1 | 인구 감소와 고령화로 인한 디플레이션 압력

(%)

- 고령화로 인한 디플레이션 압력
- 인구 감소로 인한 디플레이션 압력
- 인플레이션 타임래그 효과
— 인플레이션율에의 영향

1995 2000 05 10 15 20 25 30 35 (년)

출처: 국제통화기금(IMF)

션 탈출을 선언하지 못하는 상황이 이어지고 있다.

분명 아베노믹스에 의해 왜곡된 엔고현상이 시정되고 주가도 큰 폭으로 상승했다. 또한 일본 기업 중에는 과거 최고 이익을 달성한 기업도 많아졌다. 안 하는 것보다는 나은 정책임에는 틀림없었다. 얼핏 보면 아베노믹스에 의해 일본 경제가 호전된 것처럼 보이기도 했으니 말이다.

그러나 지금의 상황은 일시적인 효과에 불과하다. 지금의 경제정책이 크게 바뀌지 않으면 조만간 일본 경제는 더욱 심각한 디플레이션에 빠질 것이다.

국제통화기금(IMF)도 이와 같은 분석을 내놓았다. 도표 1-1에서 보는 바와 같이 IMF는 디플레이션 압력이 앞으로 본격화할 것이라고 전망했다. 앞으로 고령화로 인한 디플레이션 압력이 점차 높아져 2020년 이후에 피크를 맞이할 것이다. 더구나 2020년 이후에는 인구 감소로 인한 디플레이션 압력도 더욱 심각해질 전망이다. 디플레이션의 악순환이 도래할 가능성이 높은 것이다.

최악의 시나리오로 대비하라

미리 밝혀두지만 내가 지금부터 설명할 디플레이션 시나리오는 '최악의 시나리오'다. 최악의 시나리오를 검토해야 하는 이유에는 두 가지가 있다.

하나는 대책 없이 맞이할 최악의 상황을 인식시킴으로써 경제정책의 변화를 강력히 호소하기 위함이다. 또 하나는 발생할지 모를 경제의 변화를 미리 살펴봄으로써 적절한 경제정책의 방향을 설정하는 계기가 될 수 있기 때문이다.

나는 일본에서 생활한 지 30년이 넘었다. 그동안 일본에는 많은 일이 있었다. 한신대지진, 동일본대지진과 후쿠시마 원전 사고 등 큰 규모의 재해가 많았다. 그뿐만 아니라 경제에도 거품경제 붕괴, 금융위기, 과도한 엔고 현상, 디플레이션 등 다양한 문제들이 발생했다. 그때마다 일본 정부는 사후약방문식의 대처가 있을 뿐, 사전 대응은 미비했다.

최근 수년간 이상기후가 계속되고 여러 자연재해가 발생하면서 매년 많은 이들이 희생되고 있다. 기후변화가 지속되고 어떤 재해나 사고가 발생할지 충분히 예상 가능한데도 이에 맞는 대비책 마련이 부족하다. 언제나 '예상 밖'의 사태가 발생하고 나서야 대응에 분주한 모습만 보인다.

일본의 '사후 대응'은 일단 움직이기 시작하면 민첩하고 효과적인 경우가 많았다. 거품경제 붕괴와 2008년 금융위기에 대한 대응이 바로 그러한 사후 대응의 예다.

본격적으로 움직이기까지 10년 정도의 시간이 필요하긴 했지만 '금융 재생 종합 계획'을 수립하고 대책을 추진한 결과, 예상보다도 빠른 약 3년 만에 금융시스템이 회복됐다. 여러 전문가들은 회복에 5년에서 10년의 시간을 예상했지만 3년이라는 단기간에 놀라운 회복력을 보여주었다.

하지만 지금은 상황이 매우 다르다. 앞서 이야기한 바와 같이 일본의 정책을 크게 바꾸지 않으면 지금과는 다른 심각한 디플레이션에 빠지게 될 것이다. 경기의 급강하가 눈앞에 펼쳐지게 될 것이다. 그 어느 때보다 '사전 대응'이 필요하다.

디플레이션의 수요 요인

이 책은 지금까지 쓴 책과는 다른 방식으로 썼다. 이전의 책에서는 주로 내 분석을 중점적으로 소개했는데, 이번에는 일본의 경제 사정을 여러 파트로 나눠 해당 파트와 관련된 해외 논문을 찾아 분석하고, 이를 바탕으로 현재의 일본 경제를 검증했다. 따라서 이 책은 많은 논문들을 소개하면서 논점을 전개할 것이다.

일본 경제를 작은 파트로 나눈 것은 일본이 '인구 감소'라는 독특한 문제를 안고 있기 때문이다. 일본처럼 큰 폭의 인구 감소를 경험하지 못한 해외의 사례를 일본에 그대로 적용하기에는 한계가 있다. 경제에는 수많은 조건이 영향을 미치는데 나라마다 사정이 달라 해외의 경제 정책을 부분적으로 참고해야 오류를 줄일 수 있는 것이다.

해외의 경제 분석을 파트별로 나눠 일본의 사정과 비교하면 일정한 경향성을 파악할 수 있다. 나아가 해외의 여러 사례를 조합하면 일본 경제에 적합한 정책을 도출할 수 있다. 그래서 이 책을 쓰기 위해 해외의 여러 논문을 읽었다.

앞에서 언급한 바와 같이 얼핏 보면 호전된 것처럼 보이는 지금의 일본 경제는 실제로는 더 큰 디플레이션의 시대를 앞두고 있다. 그렇다면 왜 일본 경제는 디플레이션을 향한 급강하을 맞는 걸까? 지금부터 함께 살펴보기로 한다.

급강하의 수요측 요인에는 두 가지가 있다. 하나는 고령화, 다른 하나는 말할 것도 없이 인구의 격감이다.

일본만이 아니라 세계적인 흐름에서 인류는 분명한 고령화의 길에 들어섰다. 해외 유명 대학이나 각국 정부도 고령화의 영향을 열심히 분석하며 어떤 정책을 통해 고령화에 대응할 것인지 활발하게 논의하여 이와 관련된 다수의 논문도 발표했다. 그러나 일본은 고령화뿐만 아니라 인구 감소라는 문제를 동시에 안고 있다. 대부분의 선진국에서는 인구가 감소하지 않기 때문에 이는 일본의 특수한 상황일 것이다.

전 세계적으로 2060년까지 인구는 36.1퍼센트 증가할 것으로 예상한다. 미국과 유럽는 저출생·고령화가 진행되더라도 인구는 줄어들지 않는다. 줄어들더라도 일본과는 비교가 안 될 만큼 적은 비율이다(도표 1-2).

미국은 2060년까지 인구가 25.2퍼센트 늘어나고, 일본을 제외한 G7은 14.9퍼센트 늘어난다. 한국도 일본과 마찬가지로 인구 감소를 걱정하고는 있지만, 그 규모는 5.6퍼센트에 불과하다. 일본의 인구 감소 규모는 32.1퍼센트로 그 차원이 다르다.

이런 상황에서 일본의 경제학자들은 인구 감소와 경제의 관계를 최우선으로 하여 세계적으로 가장 선진적인 연구를 하고 있어야 하지만 실상은 그렇지 않다. 그럼 해외의 연구는 어떨까? 선진국에서는 고령화의 영향을 주로 분석하고 있다. 그 결론을 부분적으로 일본의 상황에 참고할 수 있다. 그러나 해외 경제학자들은 경제 분석에 인구 감소라는 변수를 포함하는 경우가 드물다. 인구 감소에 대한 분석이 거의 이루어지지 않았을 뿐만 아니라 대책도 없는 상황이다.

결국 세계적인 석학들에게 의견을 구하더라도 인구 동향의 차이를 사전에 자세히 설명하지 않으면 일본 고유의 문제에 적절한 해답을 이끌어내기 어렵다. 일본은 저출생·고령화의 문제와 인구 감소의 문제를 동시에 고려하지 않으면 안 되는 유일한 선진국이다. 이것이 현재

| 도표 1-2 | 극단적인 일본의 인구 감소

국가	인구(1,000명)		
	2016년	2060년	증감률(%)
미국	322,180	403,504	25.2
중국	1,403,500	1,276,757	-9.0
일본	127,749	86,737	-32.1
독일	81,915	71,391	-12.8
영국	65,789	77,255	17.4
프랑스	64,721	72,061	11.3
인도	1,324,171	1,745,182	31.8
이탈리아	59,430	54,387	-8.5
브라질	207,653	236,014	13.7
캐나다	36,290	45,534	25.5
한국	50,792	47,926	-5.6
러시아	143,965	124,604	-13.4
오스트레일리아	24,126	35,780	48.3
스페인	46,348	43,114	-7.0
멕시코	127,540	166,111	30.2
세계	7,466,964	10,165,231	36.1
G7	758,074	810,869	7.0
일본을 제외한 G7	630,325	724,132	14.9

출처: UN 자료(2016년)를 기초로 저자 작성(GDP 순위 순)

일본 경제를 파악하기 위한 핵심 요소다.

해외 분석을 종합해보면 인구 감소는 그것만으로도 강력한 디플레이션의 요인이다. 게다가 저출생·고령화는 인구 감소에 의한 디플레이션에 박차를 가한다. 디플레이션이 눈덩이처럼 점점 커지면서 심각한 상황이 되는 것이다. 일단 디플레이션의 악순환이 형성되고 나면 쉽게 멈출 수 없게 된다.

1. 인구 감소로 인한 디플레이션 압력

디플레이션 위기의 주된 요인은 인구 감소다. IMF가 2014년 11월에 발표한 보고서 〈인플레이션과 거시 경제에 대한 인구통계학적 변화의 영향(Impact of Demographic Changes on Inflation and the Macroeconomy)〉에 따르면 인구 증가는 인플레이션율을 크게 끌어올린다고 한다. 반대로 인구가 감소하면 디플레이션의 압력이 커진다는 논리가 성립한다. 이 보고서에서는 고령자의 비율과 수명의 증가가 인플레이션율을 떨어뜨린다고 분석한다.

인구 동향과 인플레이션율은 주로 부동산 가격에서 발생하는 메커니즘과 연결되어 있다. 2017년에 무디스 애널리틱스(Moody's Analytics)가 발표한 〈인구 증가와 인플레이션(Population Growth and Inflation)〉이라는 논문에서는 인구의 증감은 '부동산 가격'을 통해 인플레이션율에 영향을 준다고 보고 1962년부터 2015년까지 세계 27개국의 자료를 검증하면서 그 관계성을 찾았다.

인구가 줄면 경제 전체의 물가에 어떠한 영향을 미칠까? 그 메커니즘은 복잡하다. 이 논문에서도 인구 감소가 미치는 영향으로 내용에 따라 인플레이션 요인도, 디플레이션 요인도 될 수 있다고 지적한다. 예를 들어 인구가 줄어들면 총수요가 줄어들어 디플레이션 요인이 된다고 할 수 있다. 반대로 노동력이 줄어들면 급여가 오르게 되어 인플레이션 요인이 된다고 생각할 수 있다. 그러나 부동산의 경우 규제나 물리적인 제한 등으로 인해 그렇게 간단하게 공급을 늘릴 수가 없다. 그러므로 인구가 늘어나면 부동산 가격이 오르기 쉽고, 전체 물가를 끌어올리는 주된 요인이 된다는 것이다.

또한 이 논문에는 중요한 분석이 실려 있다. 그것은 인구와 인플레이션이 비선형적인 관계에 있다는 것이다. 즉 인구 증가로 인한 인플레이션 압력보다 인구 감소로 인한 디플레이션 압력이 몇 배나 더 크다는 것이다. 특히 22~44세까지의 인구 집단의 영향이 가장 크다고 한다. 인구가 늘고 수요가 증가하면 부동산 가격이 오르기 쉽지만, 시간이 지나면서 새로운 빌딩이나 신축 주택이 지어져 공급이 늘어나므로 인플레이션 압력은 일부 완화된다. 그러나 반대로 인구가 줄어들어 수요가 줄더라도 부동산 재고는 그렇게 쉽게 줄일 수 없기 때문에 디플레이션 압력은 완화되지 않는다. 따라서 인구 감소로 인한 디플레이션 압력은 인구 증가로 인한 인플레이션 압력보다 강하다고 분석하는 것이다.

결국 부동산 재고는 좀처럼 줄어들지 않기 때문에 인구 감소가 시작되면 부동산 가격이 하락하면서 물가 전체에 미치는 영향이 커진다고 할 수 있다.

IMF도 인구 동향과 부동산 가격의 관계에 대해서 연구를 거듭하고 있다. 2016년에 발표한 보고서 〈인구 통계가 일본의 생산성과 인플레이션에 미치는 영향(The Impact of Demographics on Productivity and Inflation in Japan)〉에서는 일본의 지방자치단체별 부동산 가격 동향과 인구 동향 사이에 매우 큰 관계가 있다고 분석했다.

이 분석을 바탕으로 일본 경제의 미래를 살펴보면 답은 불을 보듯이 뻔하다. 앞으로 일본은 본격적으로 인구가 감소하므로 대책을 강구하지 않으면 부동산부터 강력한 디플레이션 압력을 받게 될 것이다.

2. 저출생·고령화로 인한 디플레이션 압력

최근 들어 해외에서는 저출생·고령화와 인플레이션의 관계에 대한 분석이 활발하게 이루어지고 있다. 세계적으로 떨어진 인플레이션율의 원인을 저출생·고령화에서 찾으려는 학자들이 많기 때문이다.

저출생·고령화에 관한 연구를 종합해보면 네 가지 결론을 얻을 수 있다.

- 아이들이 늘어나는 것은 인플레이션 요인, 감소하는 것은 디플레이션 요인
- 생산가능인구가 늘어나는 것은 디플레이션 요인, 줄어드는 것은 인플레이션 요인
- 고령화는 인플레이션 요인
- 초고령화는 매우 강력한 디플레이션 요인

생산가능인구란 15세 이상 64세 미만, 초고령자는 74세 이상을 가리킨다.

연령대별 인구와 인플레이션의 관계를 소개하는 논문은 여러 개가 있는데, 여기서는 국제결제은행(Bank for International Settlements)의 연구를 소개하고자 한다(도표 1-3).

이 연구에 따르면 인플레이션율과 24세까지의 인구는 플러스 상관 관계, 25세부터 54세까지의 인구는 마이너스 상관관계, 55세부터 74세까지의 인구는 플러스 상관관계, 75세 이상의 인구는 마이너스 상관관계가 있다고 분석했다.

이것을 일본의 상황과 비교하면 어떨까?

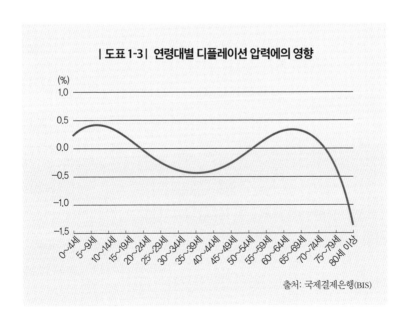

| 도표 1-3 | 연령대별 디플레이션 압력에의 영향

출처: 국제결제은행(BIS)

| 도표 1-4 | 65세 이상 인구 동향(1,000명)

년	인구			총인구	구성비(%)		
	65세 이상	75세 이상	85세 이상		65세 이상	75세 이상	85세 이상
2010	29,484	14,194	3,825	**128,057**	23.0	11.1	3.0
2015	33,952	16,458	5,111	**126,597**	26.8	13.0	4.0
2020	36,124	18,790	6,368	**124,100**	29.1	15.1	5.1
2025	36,573	21,786	7,362	**120,659**	30.3	18.1	6.1
2030	36,849	22,784	8,462	**116,618**	31.6	19.5	7.3
2035	37,407	22,454	10,149	**112,124**	33.4	20.0	9.1
2040	38,678	22,230	10,366	**107,276**	36.1	20.7	9.7
2045	38,564	22,567	9,848	**102,210**	37.7	22.1	9.6
2050	37,676	23,846	9,774	**97,076**	38.8	24.6	10.1
2055	36,257	24,010	10,346	**91,933**	39.4	26.1	11.3
2060	34,642	23,362	11,490	**86,737**	39.9	26.9	13.2
신장률(%)	17.5	64.6	200.4	**-32.3**			

출처: 일본 국립사회보장·인구문제연구소
'일본장래추계인구'(출생중위, 사망중위 추계)를 기초로 저자 작성

일본은 앞으로 다른 연령대보다 훨씬 더 큰 폭으로 아이들의 수가 줄어들 것이다. 이는 디플레이션 압력이 된다. 한편 생산가능인구도 줄어들기 때문에 디플레이션 압력을 완화하는 효과가 생긴다. 그리고 65세 이상 인구 중에서는 가장 디플레이션 압력이 큰 75세 이상 인구가 크게 늘어날 것이다. 구체적인 숫자를 확인해보자. 2015년부터

2060년까지 65세 이상 인구가 3,395만 2,000명에서 3,464만 2,000 명으로 69만 명 늘어날 것으로 예상되는 데 반해, 75세 이상은 690 만 4,000명이나 늘어날 것으로 예상된다(도표 1-4). 연령대별 인구와 인플레이션의 관계를 분석한 IMF의 분석에 따르면 65세 이상 인구의 증가는 디플레이션의 요인이라고 단언한다.

이들 분석 결과를 종합적으로 생각해보면 인구 감소가 경제에 미치는 영향이 가장 크지만, 저출생·고령화도 디플레이션 요인으로 판단해도 무방하다. 결국 일본의 인구 동향은 디플레이션 압력에 최악의 조합이라고 할 만하다.

3. 정치적인 디플레이션 압력

앞서 65세 이상 인구의 증가는 디플레이션 요인이라는 IMF의 분석을 소개한 바 있다. 그 분석에는 특히 신경이 쓰이는 두 가지 요소가 있다.

하나는 정치적인 디플레이션 압력이다. 주된 수입원이 급여인 젊은 세대는 인플레이션을 선호하는 반면 65세 이상의 고령자층은 자산을 가지고는 있지만 소득이 없기 때문에 디플레이션을 선호하는 경향이 있다는 것이다.

그렇다면 65세 이상 인구의 비율이 높아지면 인플레이션을 일으키는 정책을 싫어하여 그러한 정책을 추진하려는 정치가가 선거에서 당선될 가능성이 떨어질 것이다. 그리고 보면 나도 강연회 등에서 "디플레이션이 뭐가 나쁘냐?"는 이야기를 듣곤 하는데, 그러한 의견을 가진 사람들은 대개 연령대가 높았다.

4. 산업구조 변화로 인한 디플레이션 압력

고령화에 따른 수요 구조의 변화로 인해 디플레이션 압력이 증가한다는 분석도 있다. 젊은이가 많은 경제에서는 소유 소비가 차지하는 비율이 증가하기 때문에 제조업이 발달한다. 반면 평균연령이 올라가면 올라갈수록 수요가 변하여 제조업에서 서비스산업으로 경제구조의 중심이 이동한다.

고령화가 진행되면 진행될수록 요양 등의 수요가 증가하여 사람을 많이 필요로 하지만 생산성이 낮은 업무가 늘어나기 때문에 디플레이션이 커진다고 할 수 있다. 이것이 생산성 향상에 악영향을 미치고 소득의 상승을 억제한다. 이것 또한 디플레이션 요인의 하나가 된다.

일본은 다른 나라보다 앞서 고령화가 진행됐기 때문에 일찍이 요양 등의 수요가 증가해왔다. 이들 산업 분야는 국가의 규제가 강하고 생산성이 매우 낮기 때문에 상당한 디플레이션의 요인이라고 할 수 있다.

5. 외국 자산 매각으로 인한 디플레이션 압력

연령이 높아지면 높아질수록 노동을 통한 급여가 아니라 자산을 매각해서 생활비로 충당하는 경향이 커진다. 여기에는 외국 자산도 포함된다. 이러한 외국 자산을 처분하는 과정에서 엔의 가치가 올라가서 디플레이션 압력이 증가한다고 생각할 수 있다.

디플레이션의 공급 요인

1. 기업의 생존경쟁으로 인한 디플레이션 압력

일본은 앞으로 인구가 줄어들게 되므로 학교, 미용실, 식료품, 자동차, 주택 등 인간의 수에 의존하는 재화와 서비스의 수요가 감소할 것이다. 또한 고령화로 인해 소비의 대상이 되는 재화가 바뀐다. 수요가 구조적으로 줄어도 곧바로 공급이 줄어들면 디플레이션 압력은 흡수되지만, 같은 페이스로 공급이 줄어들지 않으면 경제는 디플레이션에 빠지기 쉽다. 그러므로 공급 축소에 대해 생각할 필요가 있다.

인구가 줄어드는 시장은 축소를 피할 길이 없기 때문에 기업 간 생존경쟁이 더욱 치열해진다. 수요가 줄어든 만큼 공급을 줄이지 않으면 안 되는데, 당연히 어느 기업이든 자신들이 그 대상이 되고 싶지 않을 것이다. 앞서 살펴본 부동산 시장과 마찬가지 이유다.

시장이 축소되는 이상 현존하는 모든 기업이 생존할 수는 없다. 소비자의 수가 줄어들어 10개의 회사를 지탱하던 소비가 8개의 회사가 지탱하는 규모로 축소되는 경우 모든 회사들은 살아남을 8개 회사가 되기 위해 사력을 다할 것이다. 기업 간 경쟁이 치열해질 수밖에 없다.

가장 쉬운 생존 전략은 가격을 낮추어 다른 기업의 체력을 고갈시킴으로써 도산하게 만드는 것이다. 마지막에 살아남은 기업은 경쟁 상대가 없기 때문에 큰 이익을 얻게 된다. 이것을 '라스트 맨 스탠딩(Last man standing) 이익'이라고 한다.

실제로 지금까지 25년간 일본 기업들의 움직임을 보면 그야말로 라스트 맨 스탠딩 이익을 노렸음을 알 수 있다. 이것이 강력한 디플레이션의 압력을 낳았으며 지금까지 주된 요인이기도 하다.

2. 노동분배율 저하로 인한 디플레이션 압력

'라스트 맨 스탠딩 전략'을 실행하기 위해서 기업은 우선 이익을 줄이지 않으면 안 된다. 그러나 이익이 줄어들면 직원에게 그 부담을 전가할 수밖에 없다. 경영자가 인건비에 손을 대기 시작하기 때문이다. 비정규직의 증가, 보너스의 삭감, 무급 야근의 증가 등 과거 수십 년에 걸쳐 일본에서 자행된 것들이다. 이로 인해 노동분배율(생산된 소득 가운데 노동에 분배되는 임금이나 봉급의 비율)이 현저하게 낮아진다.

노동분배율의 저하는 디플레이션의 큰 요인으로, 〈영국의 인플레이션 역학과 노동분배율(Inflation Dynamics and the Labour share in the UK)〉이라는 영국은행이 분석한 보고서에 따르면 노동분배율이 낮아지면 디플레이션 압력이 생긴다고 지적한다.

미국 등에서도 1980년대 이후 인플레이션율이 크게 하락한 원인의 하나로서 노동분배율의 저하를 들었다.

일본에서도 노동분배율이 눈에 띄게 낮아지고 있다. 일본 재무성이 2018년 9월에 발표한 2017년도 노동분배율은 66.2퍼센트로 43년 만에 가장 낮은 수준을 보였다. 이는 장기간에 걸친 일본 경제 쇠락의 큰 요인 가운데 하나다. 지금이야말로 이 '노동분배율의 불황'에서 탈출하지 않으면 안 된다.

그동안 일본 기업은 정부에 대출 규제 완화, 중소기업 우대정책, 금리 인하, 세율 인하 등 다양한 요청을 거듭해왔다. 그러나 스스로 생산성을 높이려는 노력은 거의 하지 않았다. 설비투자를 하지 않고, 직원들의 급여를 깎아 이익을 늘리고, 내부유보를 쌓아두는 기업이 너무나 많다. 이러한 움직임 모두 디플레이션의 요인이다.

3. 낮은 최저임금으로 인한 디플레이션 압력

최저임금이 세계적으로 매우 낮은 것도 디플레이션의 큰 원인이다. 일본의 많은 기업이 라스트 맨 스탠딩 전략을 위해 최대 비용인 직원의 급여를 삭감해왔다. 물론 기업이 무제한으로 직원의 급여를 낮출 수 없고 최저임금까지만 내릴 수 있다.

제5장에서 상세히 설명하겠지만, 일본의 최저임금은 이론적으로 계산한 최저임금의 3분의 2정도로 매우 낮은 수준이다(도표 1-5). 놀라울 정도로 낮은 수준의 최저임금 때문에 일본은 다른 나라에 비해 노동분배율을 더욱 낮출 수 있는 것이다.

이처럼 기업의 생존을 위한 부담이 노동자에게 전가되는 것이 일본의 현실이다. 인구가 늘어나던 시대와는 달리 인구 감소로 인해 수요가 줄어드는 상황에서는 상품의 가격을 낮춰도 총수요는 늘어나지 않는다. 여기서 다시 급여를 낮추는 것은 디플레이션 악순환의 고리가 될 뿐이다. 그렇기 때문에 낮은 최저임금이 디플레이션 압력의 근원이 되는 것이다.

실제로 일본에서는 최저임금 노동자의 수가 늘어나고 있다(도표 1-6). 이대로 방치하면 앞으로 디플레이션의 압력이 더욱 커지는 것은 불

| 도표 1-5 | 각국의 최저임금(2017년)

국가	최저임금 (구매력평가, 달러)
산마리노	13.68
오스트레일리아	11.60
룩셈부르크	11.55
프랑스	11.03
독일	10.56
벨기에	10.15
네덜란드	9.78
뉴질랜드	9.76
영국	9.38
대만	8.75
미국	8.50
오만	8.34
캐나다	8.18
사우디아라비아	7.62
한국	7.36
슬로베니아	6.92
몰타	6.59
일본	6.50
스페인	6.30
이스라엘	6.09
폴란드	5.99
그리스	5.64
홍콩	5.41

출처: 각국 정부 자료를 기초로 저자 작성

보듯 뻔하다.

4. 저임금의 외국인 노동자 유입에 따른 디플레이션 압력

라스트 맨 스탠딩 이익을 추구하는 기업의 경영자들은 최저임금이라는 벽에 부딪혔을 때 과연 어떻게 할까? 이론상으로는 노동력 부족 때문에 임금 인상이 불가피한데, 이를 기피하기 때문에 일본인 비정규직 고용에 만족하지 못하고 저임금으로 일하는 외국인 노동자의 고용을 확대한다.

저임금의 외국인 노동자가 늘어날 경우 일본에 사는 인구수가 늘어

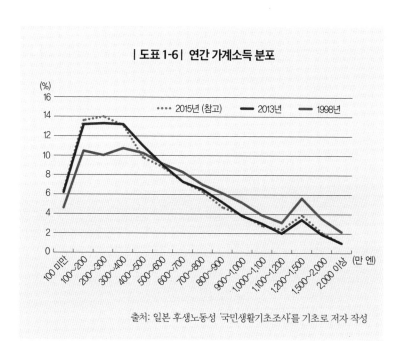

| 도표 1-6 | 연간 가계소득 분포

출처: 일본 후생노동성 '국민생활기초조사'를 기초로 저자 작성

나기 때문에 총수요의 증가를 기대할 수 있다. 그러나 라스트 맨 스탠딩 이익에 집착하면 집착할수록 생산가능인구 가운데서 차지하는 최저임금 노동자의 비율이 증가하여 노동분배율은 더욱 낮아진다. 그렇게 되면 디플레이션의 압력은 눈덩이처럼 커지게 된다. 결국 개발도상국에서 온 외국인 노동자가 늘어나면 늘어날수록 이 나라는 '개발도상국'이 되어갈 것이다.

앞으로 일본은 최강의 디플레이션 압력으로 작용할 인구 감소와 더불어 다양한 디플레이션 압력이 복합적으로 일어날 것이다. 정책적인 공급 조정을 하지 않으면 기업은 시장원리에 기초한 생존 전략을 취할 것이므로 지금보다 더욱 큰 디플레이션 압력을 피할 길이 없어진다.

여기서 중요한 것은 경영자의 라스트 맨 스탠딩 전략은 자본주의 체제하에서는 합리적인 선택이라는 점이다. 경영자들이 나쁜 짓을 하는 것은 아니라는 말이다.

양적완화의 효과와 인구 동향

일각에서는 '금융정책을 통해 인플레이션을 유도할 수 있다'고 주장하는 이들도 있다. 금리를 낮추고 양적완화를 해나가면 수급의 차이를 메워 인플레이션을 가져올 수 있다는 것이다. 이를 검증하기 전에 먼저 이 논리를 간단히 설명하겠다.

이 주장을 간단하게 말하면 '통화량을 늘리면 물가가 상승하고, 물가가 상승하면 모든 문제가 해결된다'는 것이다. 일반적으로 알려진 경제학에서는 양적완화의 효과를 아래와 같이 설명한다.

통화량 × 통화의 유통속도 = 물가 × 총생산

기본적인 전제로서 유통속도와 총생산은 단기적으로 일정하다고 가정한다. 따라서 통화량을 늘리면 물가는 상승하게 된다는 것이다. 여기서 중요한 것은 통화량에 의해서 물가가 결정된다는 점이다. 이것을 '물가의 균형론'이라고 한다.

예를 들어 통화량=1,000, 유통속도=5, 총생산=5,000이라고 하면 이론상 물가는 1이 된다. 식으로 표현하면 '1000×5 =1×5000'이다.

여기서 통화량을 2,000으로 늘리면 물가는 2가 된다. '2000×5 =2×5000'으로 표현할 수 있다.

즉 통화량을 늘리면 물가가 오른다는 사고다. 이는 수요 측에서 바라본 관점을 대변한다. 수요는 항상 잠재되어 있다는 전제를 바탕으로 그 총액이 통화량과 속도에 의해 결정된다는 것이다. 디플레이션은 공급에 비해 수요가 일시적으로 부족한 것을 의미하는데, 통화량을 늘려서 잠재되어 있는 수요를 자극하면 수급의 균형을 달성할 수 있다는 것이다.

확실히 지금까지는 어느 나라든 인구가 계속해서 증가해왔기 때문에 그에 따라 수요도 기본적으로는 계속해서 늘어났고 공급이 사후에 수요를 따라가는 모양새였다. 그래서 수요가 단기적으로 부족한 경우 금리를 내려 수요를 자극할 수 있었다. 또한 통화의 유통량을 늘리는 방법에 의해서도 수요가 늘어났고, 단기적인 디플레이션을 인플레이션으로 전환할 수 있을 것으로 기대했다.

인구가 계속해서 늘어나면 수요자의 증가에 따라 잠재수요도 계속해서 늘어난다. 은행은 새로운 수요자가 돈을 쓸 수 있도록 대출을 늘리거나 금리를 인하하거나 하여 실제 수요를 늘린다. 본질적으로 물가의 균형론은 거래되는 재화나 서비스의 균형론을 전제로 한다. 인구가 늘어나기만 한다면 재화와 서비스의 균형론에 대해 이견을 제기하지 않을 것이다. 일반적으로 재화와 서비스의 수급은 균형을 이루며, 인플레이션과 디플레이션은 금융정책에 의해 결정되는 것이었다. 그러므로 금융정책에 의해서 조정할 수 있었다.

일본의 디플레이션도 2015년까지는 '금융정책의 실패'로 설명할 수 있다고 생각한다. 그렇기 때문에 이후의 아베노믹스가 어느 정도는 효과가 있었던 것이다. 그러나 다가올 디플레이션 압력은 그 본질이 다르다. 금융정책 자체가 먹히지 않는 시대가 도래하는 것이다.

머니터리즘의 한계

최근 해외 학회에서는 인플레이션이 금융정책에 의해 결정된다는 머니터리즘(monetarism, 통화주의라고 하며 화폐 공급이 경제활동의 중요한 결정 요인이라고 주장하는 경제사상의 한 학파)을 재검증하려는 움직임이 일어나고 있다. 인플레이션이 금융정책의 결과라는 사고방식은 특히 1970년대와 80년대에 주류를 이루었다. 금리를 조정하거나 통화량을 조절함으로써 인플레이션율을 관리할 수 있다는 사고방식이다.

그러나 최근 들어 선진국에서는 인플레이션율이 낮아지는 경향이 두드러졌기 때문에 인구 증감과 인플레이션의 관계가 재조명을 받게 된 것이다. 학자에 따라서는 실제로 인구 증감과 인플레이션율이 연동되어 있고 금융정책으로 인플레이션율을 바꿀 수 있다는 생각은 착각이었다고 주장하는 사람도 나타나기 시작했다.

어쨌든 금융정책만으로는 인플레이션율을 관리할 수 없다는 것이 최근 경제학의 트렌드다. 그러나 일본 학자들의 대부분은 여전히 구태의연한 사고방식을 고수하며 인구와 인플레이션율은 상관없다고 주장한다.

더 이상 양적완화의 효과는 없다

앞에서 소개한 '통화량×통화의 유통속도=물가×총생산'이라는 식으로 돌아가보자. 극단적인 예를 들어 균형론의 문제점을 설명하고자 한다.

이 식에서 1,000명의 사람들이 연 5회, 한 개의 물건을 산다고 가정하자. 공급량은 5,000개이므로 통화량을 1인당 1로 하면 가격은 1이 된다. 그 1,000명이 500명으로 줄어들면 연 5회 한 개의 물건을 사는 조건에 따라 잠재수요는 2,500개가 된다. 공급은 5,000개이므로 기업은 라스트 맨 스탠딩 전략에 의해 5,000개를 계속해서 판매하고자 하지만 기껏해야 2,500개의 수요만 있을 뿐이다. 균형이 무너지는 것이다.

이 상태에서 통화량이 늘었다고 해서 물가가 올라갈까? 500명이 5회가 아니라 10회 구입한다면 원래의 수요량과 같아지지만, 10회 구입하지 않는 경우 통화량을 늘려도 물가는 오르지 않을 것이다. 줄어든 사람 수만큼 구매 횟수를 늘리지 못하면 균형을 이루지 못한다. 따라서 인구 감소 상황에서 양적완화로는 물가가 오르지 않는 것이 명백하다.

결국 양적완화로 물가가 오른다고 주장하는 이들은 수요가 일정하다고 가정하는 것이다. 일본은행이 내세운 2퍼센트 인플레이션 목표가 달성되지 않는 가장 큰 이유가 바로 여기에 있다. 인구 감소 문제를 안고 있는 나라에서 공급을 조정하지 않는 경우 통화량을 늘리는 것만으로는 인구가 계속해서 증가하는 다른 나라들처럼 2퍼센트의 인플레이션을 달성하는 것은 비현실적이다. 이를 가능하다고 기대하는 것 자체가 무모하다. 인구 감소 문제가 없는 다른 나라와 같은 생각을 해서는 안 된다.

만약 2퍼센트의 인플레이션율을 유지할 수 있다면 그건 기적에 가깝다. 재화와 서비스의 수급에 균형이 잡혀 있다면 양적완화를 통한 인플레이션이 가능하겠지만, 일본은 재화와 서비스의 수급에 균형이 잡혀 있지 않다.

양적완화 정책은 '부족한 수요는 늘릴 수 있다'는 것이 기본적인 사고방식이다. 장기적으로 봤을 때 시간이 지남에 따라 수요가 늘어나고 경제도 계속해서 성장한다는 것이다. 이에 따라 물가도 오른다. 그러나 이와 같은 방식으로 경제가 지속적으로 성장하기 위해서는 장기적인 인구 증가라는 성장 요인이 불가결하다. 이 점에 관해서는 제2장에서 다시 검증하기로 하자.

인구 감소와 고령화 시대의 총수요

지금의 일본에서 양적완화의 효과가 희미해지는 이유에는 한 가지가 더 있다.

양적완화란 일본은행이 은행으로부터 채권을 매입하고 은행에 돈을 공급하는 정책이다. 그럼 은행에는 예금이 넘치고 대출 능력이 올라간다. 양적완화에 의해 물가가 올라가려면 은행이 이 돈을 기업이나 개인에게 대출하여 돈이 시중에 돌도록 할 필요가 있다. 일반적인 양적완화 효과는 이런데, 과연 일본은 어떨까?

인구 감소로 인해 돈을 빌리려는 사람의 수도 줄어든다. 인구 감소로 인한 마이너스 요인이다. 여기에 더해 고령화가 진행됨에 따라 은행으로부터 대출을 받고자 하는 니즈가 줄어들게 된다. 도표 1-7처럼 일본인이 대출을 받는 시기는 압도적으로 젊은 시기가 많다. 이는 다른 나라들도 마찬가지일 것이다.

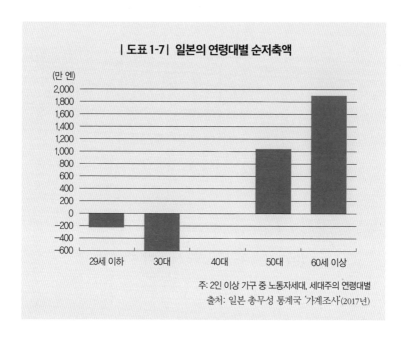

| 도표 1-7 | 일본의 연령대별 순저축액

주: 2인 이상 가구 중 노동자세대, 세대주의 연령대별
출처: 일본 총무성 통계국 '가계조사'(2017년)

특히 2, 30대의 대출 중 가장 큰 부분을 차지하는 것이 주택자금대출이다. 많은 이들에게 있어 내 집 마련은 평생 한 번의 일이기 때문에 인구가 줄지 않더라도 고령화가 진행되면 은행으로부터 융자를 받으려는 니즈가 줄어드는 것은 자명한 일이다.

또한 인구가 줄어들지 않더라도 고령화가 진척됨에 따라 소비 의욕도 줄어든다. 소비액이 줄면 통화를 늘려도 효과를 얻기 힘들어진다. 외국의 사례에서도 비슷한 경향을 확인할 수 있다. 이를 통해 알 수 있는 것은 연령이 높아질수록 총수요가 감소한다는 사실이다. 결국 근본적으로 공급을 조정하지 않으면 재화와 서비스의 균형이 깨지므로 양적완화로 인한 효과를 얻기 어려워진다(도표 1-8). 기업도 총수요가 줄어들기 때문에 설비투자 등의 비용 투여가 과거에 비해 상대적으로 줄어든다.

결국 인구가 늘어나고 평균연령이 젊은 경우에는 양적완화의 효과가 크지만 인구가 줄어드는 데다가 고령화가 진행되면 은행으로부터 대출을 받으려는 니즈가 줄어들기 때문에 그 효과가 지극히 제한적이다.

빈집의 비율과 금융완화의 한계

인플레이션율은 전 세계적으로 점차 낮아지고 있다. 그 이유 중 하나로 언급되는 것이 고령화다. 주된 메커니즘은 부동산 시장에 미치는 영향이다. 이에 대해 간단히 살펴보자.

미국의 경우를 예로 들어보겠다. 불황이 되면 실업자가 늘어나고 집을 살 수 있는 사람이 줄어든다. 그러면 빈집의 비율이 올라가고 부동산 가격이 내려간다. 그러나 잠재적인 수요, 즉 집을 갖고 싶어 하는 사람의 수는 줄어들지 않는다. 인구가 계속해서 늘고 있기 때문이다.

그래서 정부는 공공사업을 늘리는 정책을 구사하기 시작한다. 그러면 정부부문의 수요가 증가한다. 그에 더해 금리를 내리거나 은행에 대량의 유동성을 공급하는 정책을 추가한다. 은행이 대출에 적극적으로 나선다면, 즉 금리도 낮은 상황이 되면 대출을 받아서라도 집을

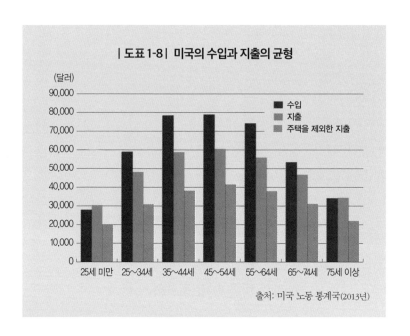

| 도표 1-8 | 미국의 수입과 지출의 균형

(달러)

범례:
- 수입
- 지출
- 주택을 제외한 지출

가로축: 25세 미만, 25~34세, 35~44세, 45~54세, 55~64세, 65~74세, 75세 이상

출처: 미국 노동 통계국(2013년)

구입하려는 사람들이 늘어난다. 이런 식으로 주택시장의 균형이 회복된다.

미국은 지금도 인구가 증가하기 때문에 집을 사려는 사람들이 꾸준히 늘고 있다. 당연히 양적완화로 인해 주택 구입의 여건이 좋아지면 구입하는 사람들이 늘어난다. 이어서 빈집이 비율이 줄어들고 부동산 가격이 오르기 시작한다.

이미 설명한 것과 같이 부동산 가격은 물가에 가장 큰 영향을 미치는 요인이다. 부동산 가격이 상승하면 인플레이션으로 전환할 가능성이 높아진다.

그러나 일본은 인구가 격감하고 있기 때문에 미국처럼 되기 어렵다. 게다가 고령화도 진행되고 있다. 이미 주택을 소유한 사람이 많은 가운데 저출생으로 인해 장차 주택을 구입하려는 사람도 점점 더 줄어든다. 그러나 주택의 수는 즉시 줄일 수 없기 때문에 빈집은 늘어나기만 한다.

또한 금리를 내려도, 은행의 유동성을 높여도 새로 주택을 구입하려는 사람의 수가 매년 줄기 때문에 자금을 빌리는 사람이 늘어나지 않는다. 수요자가 없기 때문에 이론처럼 수요를 자극하지 못한다. 그러므로 빈집 비율에 커다란 변화가 생기지 않는 한 인플레이션율 2퍼센트를 달성하기 어렵다.

물론 통화량을 늘려서 디플레이션 압력을 일정 기간 완화할 수는 있다. 그러나 남은 부동산을 줄여서 공급을 조정하지 않는 한 균형을 회복하기는 어렵다. 이는 금융정책만으로 해결할 수 있는 문제가 아니다.

그렇다고 양적완화를 중지해야 한다는 주장도 불가능하다. 양적완화는 그 나름대로 경제에 의미가 있기 때문이다. 문제의 본질은 공급을 조정하지 않는 한 인플레이션으로의 전환이 불가능하다는 것이다.

어떻게 소비를 진작시킬 것인가

세계적으로 금융정책은 금융시장에서 주가의 거품을 만들 뿐 개인

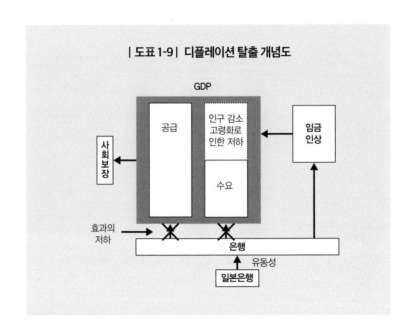

| 도표 1-9 | 디플레이션 탈출 개념도

GDP

공급

인구 감소 고령화로 인한 저하

수요

임금 인상

사회보장

효과의 저하

은행

유동성

일본은행

소비의 자극으로는 이어지지 못한다는 말을 종종 듣는다.

 정리해보면 일본은 사회보장을 위해 GDP를 현 수준으로 유지해야 하지만 인구 감소와 고령화로 인해 구조적으로 수요가 줄어들 수밖에 없는 상황에 놓여 있다. 일본은행이 은행에 유동성을 공급하지만, 개인이나 기업에게 니즈가 없으니 유동성이 시중에 흐르지 않는다. 그렇다면 개인의 소비를 늘리기 위한 다른 정책이 필요하다. 그것이 바로 '임금 인상'이다(도표 1-9). 통화량을 확실히 늘리면서 임금 인상을 계속해간다. 이것이 가능하다면 총수요가 줄어들지 않고 재화와 서비스의 균형이 이루어지면서 인플레이션을 실현할 수 있을 것이다. 이 패러다임의 대변환은 디플레이션의 압력을 흡수하고 일본 경제를 활성화할 수 있다.

이 부분에 관해서는 제6장에서 다시 상세하게 설명하겠다.

제2장

어떻게 자본주의를 고칠 것인가

: 고차원 자본주의로의 업데이트 :

패러다임 대변환 2
: 고차원 자본주의로의 대변환 :

•

일본은 사회보장제도를 유지하기 위해서라도 생산성 향상이 계속
적으로 이루어지는 경제모델로 대변환해야 한다. 인구 증가 경제
모델에서 인구 감소 경제모델인 '고차원 자본주의'로 대변환하는
것이 반드시 필요하다.

제1장에서는 인구 감소와 고령화로 인해 일본 경제에 엄청난 디플레이션 압력이 쌓여가고 있음을 설명했다. 이 상황을 극복하기 위해서는 임금을 인상하고 생산성을 높이지 않으면 안 된다. 더군다나 일본의 생산성은 세계 28위로 매우 낮다. 이는 반대로 이야기하면 '성장 가능성'이 높은 것이라 볼 수 있으며, 분명 이것은 기회다. 생산성만 높일 수 있다면 미래는 밝을 것이다.

생산성을 올리기 위해서는 다양한 노력이 필요하지만 무엇보다도 중요한 것이 있다. 바로 '생산성 향상을 위한 의식 개혁'이다.

일본만이 아니라 대부분의 선진국들이 경제성장률을 유지하기 위해 생산성 향상에 노력을 기울이는 경향이 커지고 있다. 일본은 선진국 가운데서도 생산성 향상이 가장 필요한 나라다. 생산성 향상을 실현하기 위해서는 무엇보다도 이를 자각하는 의식 개혁이 필요하다.

인구 증가가 경제성장에 미치는 영향

세계적인 컨설팅 기업인 맥킨지의 분석에 따르면 최근 50년간 세계경제의 성장률은 3.6퍼센트였지만 향후 50년간의 경제성장률은 2.1퍼센트까지 떨어질 것이라고 한다.

그 이유는 경제성장을 '인구 증가 요인'과 '생산성 향상 요인'으로 나누어 생각하면 쉽게 알 수 있다. 3.6퍼센트의 성장률은 '인구 증가 요인', '생산성 향상 요인'이 각각 1.8퍼센트였다. 하지만 향후 50년간은 인구 증가 요인이 0.3퍼센트포인트 정도 떨어진다고 한다. 지금처럼 생산성 향상 요인이 1.8퍼센트를 유지한다고 하더라도 세계 경제성장률은 2.1퍼센트로 떨어지게 된다. 그뿐만 아니라 경제성장에서 생산성 향상 요인이 차지하는 비중이 50퍼센트에서 86퍼센트(1.8÷2.1)로 올라간다. 결국 앞으로는 생산성 향상 요인의 중요성이 점점 더 커진다고 할 수 있다.

선진국의 대부분은 생산성 향상이 없더라도 일정한 경제성장이 가능하다. 인구가 늘어나기 때문이다. 그러나 일본은 인구가 감소하고 있기 때문에 그 감소분을 생산성 향상으로 메울 필요가 있다. 결국 상당한 정도의 생산성 향상을 이루지 못하면 경제가 성장하지 못하는 구조가 되는 셈이다.

지금까지 경제성장에서 인구 증가 요인의 중요성에 대한 인식이 충분하지 않았다. 그러나 일반적인 인식과는 달리 인구 증가 요인의 영향은 대단히 크다. 자료를 정확하게 분석해보면 한 나라의 경제성장률이 무엇에 의해 결정되는지 분명해진다.

GDP의 성장을 인구 증가와 생산성 향상이라는 두 개의 요인으로 나누어 분석한 토마 피케티(Thomas Piketty)에 따르면 1700년부터 2012년까지 세계경제의 성장 요인은 0.8퍼센트가 인구 증가, 0.8퍼센트가 생산성 향상으로 설명할 수 있다(출처: 〈경제성장에서 인구의 역할(The Role of Population in Economic Growth)〉).

1913년부터 2010년의 서유럽의 GDP 성장률은 평균 2.32퍼센트였다. 그에 비해 미국, 캐나다, 오스트레일리아, 뉴질랜드의 경제성장률은 평균 3.08퍼센트였다(실제로는 미국 한 나라의 성장률이 평균을 끌어올

| 도표 2-1 | 인구 증가 요인과 생산성 향상 요인으로 본 경제성장률

	1820 ~2010년			1913 ~2010년		
	인구 증가 (%)	생산성 (%)	경제성장 (%)	인구 증가 (%)	생산성 (%)	경제성장 (%)
서유럽	0.60	1.40	2.00	0.47	1.85	2.32
동유럽	0.62	1.21	1.83	0.42	1.79	2.21
구소련	0.87	1.11	1.98	0.66	1.70	2.36
북미	1.84	1.64	3.48	1.29	1.79	3.08
남미	1.75	1.25	3.00	2.05	1.52	3.57
아시아	0.93	1.25	2.18	1.48	2.28	3.76
아프리카	1.38	0.75	2.13	2.17	0.83	3.00
세계	0.99	1.26	2.25	1.38	1.67	3.05

주: 북미는 미국, 캐나다, 오스트레일리아, 뉴질랜드 포함
출처: 〈경제성장에서 인구의 역할〉

| 도표 2-2 | 인구 증가 요인과 생산성 향상 요인으로 본 경제성장률
(1990~2015년)

국가	인구 증가 요인(%)	생산성 향상 요인(%)	경제성장(%)
세계	1.32	1.42	2.74
미국	0.98	1.40	2.38
EU	0.26	1.38	1.64
오스트레일리아	1.33	1.77	3.10
노르웨이	0.85	1.59	2.44
캐나다	1.02	1.26	2.28
영국	0.52	1.49	2.01
오스트리아	0.44	1.38	1.82
프랑스	0.53	0.95	1.48
일본	0.11	0.77	0.88
이탈리아	0.28	0.36	0.64

주: 성장률은 실질 GDP로 산출

출처: 세계은행 자료를 기초로 저자 작성

린 것이다). 1년간 0.76퍼센트포인트의 격차에 불과하지만 이 격차가 100년 이상 지속되면 상당한 차이로 나타나게 된다(도표 2-1). 하지만 이 차이를 경제정책에서 비롯됐다고 설명하는 경우가 많다.

그러나 그 내용을 좀 더 자세히 살펴보면 미국 등의 생산성 향상률은 서유럽의 1.85퍼센트보다 낮은 1.79퍼센트다. 결국 미국 등의 GDP가 더 성장한 이유는 인구성장률이 1.29퍼센트로 유럽의 0.47퍼센트에 비해 높았기 때문이다.

이 경향은 1990년부터 2015년까지의 기간을 보아도 마찬가지임을 확인할 수 있다(도표 2-2). 예를 들어 GDP 성장률은 유럽의 1.64퍼센트에 비해 미국이 2.38퍼센트로 명백히 우위를 차지한다. 그러나 그 요인을 살펴보면 유럽의 인구성장률은 0.26퍼센트, 생산성 향상률은 1.38퍼센트에 비해, 미국은 인구성장률이 0.98퍼센트, 생산성 향상률이 1.40퍼센트다. 생산성 향상률만 보면 불과 0.02퍼센트포인트가 높았을 뿐이다.

결론적으로 말하자면 미국의 경제성장률이 유럽보다 높은 가장 큰 이유는 미국의 인구성장률이 유럽보다 훨씬 높은 데 있다.

미국은 더 이상 경제성장의 모델이 아니다

경제성장과 인구 증감의 밀접한 관계를 간과했다는 점에서는 미국의 연구자들도 일본과 마찬가지로 착각하고 있는 것 같다. 양쪽 모두 양의 증가에 의한 경제성장과 체질 개선에 의한 경제성장을 혼동하고 있다.

매우 높은 경제성장률을 이유로 '미국 경제를 세계에서 가장 성공한 경제'라고 생각하는 이들이 많을 것이다. 그 자체가 틀렸다는 것은 아니다. 분명 다른 어떤 나라보다도 미국 경제는 강하고 생산성이 높은 것이 사실이다.

미국에서는 성장 요인에는 주목하지 않은 채 표면적인 성장률만을 고려하여 미국의 경제성장률이 이전부터 유럽보다 높았기 때문에 유럽의 시대는 끝났다고 말하는 이들이 있다. 그리고 그들은 '유럽이 오랜 역사와 문화에 얽매인 탓에 성장이 저해됐다'고 말한다.

또한 미국 경제가 계속해서 높은 경제성장률을 달성할 수 있었던 것은 자유로운 자본주의 국가인 데다가 뛰어난 기업문화를 만들어 높은 경제성장률을 견인했기 때문이라고 보는 견해가 많다. 그리고 어떤 이들은 뛰어난 사회제도를 성공 요인이라고 보는 경우도 있고, 또 어떤 이들은 실리콘밸리로 대표되는 '혁신적인 창업문화'로 보기도 한다.

이처럼 미국의 경제성장률이 높은 이유를 미국 자본주의의 특징, 즉 미국 경제구조 자체에 강한 체질이 있다고 분석하는 논조가 대부분이다. 그러나 실제로 반드시 그런 것만은 아니다. 미국 경제 우위성의 가장 큰 부분은 인구 증가, 즉 양이 많아졌기 때문이라고 볼 수 있다.

GDP 우선주의를 버려라

일본의 향후 경제정책을 결정하는 데 있어서 기존과 마찬가지로 단순히 GDP 총액이나 GDP 성장률 목표를 설정하는 방식에서 벗어나야 한다. 이 방식은 이미 너무 낡았다.

과거 100년 이상 선진국의 우열을 GDP의 크기나 높은 GDP 성장률을 기준으로 판단했다. 그러나 이런 판단은 지나치게 단순하다. GDP나 GDP 성장률의 크기를 만들어낸 요인을 정확하게 파악하지 않고 단순히 그 크기만 보고 국가별 우열을 결정한다. 게다가 기술이나 교육제도의 차이 등 경제성장과 인과관계가 크지 않은 해당 국가의 특징을 나열하며 그 나라의 성장 요인이라고 단정한다.

고도성장기에는 매년 크게 늘어나는 GDP 총액이나 성장률로 자국의 기술력 수준이나 국민들의 근면성에 자긍심을 가지는 이들이 많았다. 일본도 GDP 총액을 기준으로 상위에 랭크되기 시작했을 때 많이 이들이 기쁨에 젖었을 것이다.

앞에서 이야기한 바와 같이 지금까지의 경제성장률이나 경제 규모만 보고 유럽에 비해 미국의 경제제도가 더 나은 것이라고 생각한 이들이 많을 것이다. 그 이유로 실리콘밸리의 IT기업들이나 자유자본주의의 바탕에서 생겨난 활기 넘치는 창업문화 등을 내세울지도 모르겠다. 그래서 이를 근거로 일본의 성장률이 미국보다 낮아지면 '미국처럼 고용 규제를 완화해야 한다', '일본판 실리콘밸리를 만들어야 한다', '창업문화를 강화해야 한다'라는 식으로 미국을 따라 해야 한다는 목소리가 커진다.

이처럼 GDP 총액이나 GDP 성장률을 이야기할 때 그 나라의 특징에서 성장률의 인과관계를 찾으려는 시도가 많다. 그러나 실제 인과관계는 그보다 훨씬 복잡하다.

일본은 GDP 총액을 기준으로는 여전히 세계 3위의 경제 규모를 보유하고 있다. 그 원인으로 일본의 많은 인구를 들 수 있는데, 선진국

| 도표 2-3 | 선진국의 GDP 순위

국가	GDP(10억 달러)	1인당 GDP(달러)	인구(명)
미국	19,390.6	59,763	324,459,463
일본	5,428.8	42,584	127,484,450
독일	4,170.8	50,793	82,114,224
영국	2,914.0	44,030	66,181,585
프랑스	2,835.7	43,640	64,979,548
이탈리아	2,310.9	38,930	59,359,900
한국	2,029.0	39,798	50,982,212
스페인	1,773.9	38,268	46,354,321
캐나다	1,769.3	48,310	36,624,199
오스트레일리아	1,246.5	50,980	24,450,561
대만	1,185.5	50,177	23,626,456
네덜란드	916.1	53,775	17,035,938
벨기에	528.5	46,241	11,429,336

주: GDP는 구매력평가 기준
출처: IMF, UN 자료(2017년)를 기초로 저자 작성

중에서 2위를 차지한다. 반면 일본의 생산성은 세계 28위다. 따라서 일본 경제가 세계 3위의 GDP 규모를 유지할 수 있는 것은 압도적으로 인구 규모가 큰 것이 주된 요인임을 보여준다(도표 2-3).

하지만 앞으로는 상황이 달라진다. 일본은 인구가 급속히 줄어들어 머지않은 미래에 인구 대국의 지위를 잃게 된다. 인구가 줄기 때문에 인구 증가 요인에 의한 경제성장이 어려워질 것이다. 그뿐만 아니

라 일본의 인구 감소는 전례 없는 규모와 속도로 진행되기 때문에 세계에서 인구 증가에 의한 경제성장 요인이 가장 적은 선진국이 될 것이다.

따라서 일본에서는 향후 GDP 총액이나 GDP 성장률을 정책 목표로 삼아서는 안 된다. 그 대신에 국민의 소득수준과 생활수준, 생산성 향상을 정책 목표의 핵심으로 삼아야 한다. 요컨대 경제성장의 절대적 양이 아니라 경제의 질로 승부해야 한다.

일본의 국가부채는 1,200조 엔

GDP 총액은 '인구×생산성'이라는 식으로 나타낼 수 있다. 인구가 줄고 생산성이 높아지지 않으면 당연히 GDP 총액은 줄어든다. 따라서 지금의 GDP를 유지하기 위해서는 생산가능인구의 1인당 GDP(2015년 723.8만 엔)를 2060년에는 1,258.4만 엔까지 끌어올릴 필요가 있다(도표 2-4).

이를 근거로 내가 생산성을 높이지 않으면 GDP를 유지할 수 없다고 주장하면 '일본인들은 대부분 만족할 줄 아는 사람들이기 때문에 GDP가 줄어도 감당할 수 있다. 그러니 지금까지의 방식을 바꿀 필요가 없다'라고 반론을 제기하는 경우가 있다. 그러나 이는 말도 안 되는 판단이다.

일본은 2015년부터 2060년까지 국가 경제의 핵심이 되는 생산가능

| 도표 2-4 | 총인구 및 생산가능인구당 생산성 목표

| 년 | 0~14세 (1,000명) | 15~64세 (1,000명) | 65세 이상 (1,000명) | 총계 (1,000명) | 생산성 목표(1,000엔) ||
					총인구당	생산가능 인구당
2015	15,827	76,818	33,952	126,597	4,392	7,238
2020	14,568	73,408	36,124	124,100	4,480	7,574
2025	13,240	70,845	36,573	120,659	4,608	7,848
2030	12,039	67,730	36,849	116,618	4,768	8,209
2035	11,287	63,430	37,407	112,124	4,959	8,766
2040	10,732	57,866	38,678	107,276	5,183	9,608
2045	10,116	53,531	38,564	102,210	5,440	10,387
2050	9,387	50,013	37,676	97,076	5,727	11,117
2055	8,614	47,063	36,257	91,933	6,048	11,814
2060	7,912	44,183	34,642	86,737	6,410	12,584
증감률(%)	−50.0	−42.5	2.0	−31.5	46.0	73.9

출처: 일본 국립사회보장·인구문제연구소 '일본장래추계인구
(2012년 1월 추계, 출생중위·사망중위 추계)'를 기초로 저자 작성

인구가 약 3,264만 명이나 줄어든다. 세계 5위의 경제 규모를 자랑하는 영국의 경우 생산가능인구가 약 3,211만 명이다. 현재 영국의 생산가능인구보다 훨씬 더 많은 사람들이 세계 3위의 경제대국에서 사라지는 것이다. 가장 심각한 문제는 생산가능인구가 줄어드는 반면 그들이 고령자로 편입되어 65세 이상 고령자의 수가 줄지 않는다는 점이다.

65세 이상이라도 일을 계속할 수 있는 사람이 있기 때문에 모두가 무직이 되는 것은 아니지만, 적잖은 비율의 사람들이 퇴직을 한다. 어떤 의미에서는 대량의 실업자가 발생한다고도 볼 수 있다. 현실적으로 와닿지 않겠지만 머지않아 일본은 무직자 대국이 될 것이다.

이런 사태를 대비해 연금 지급 연령을 높이자는 논의가 있었다. 하지만 일본에서는 그보다 더 높은 연령대인 초고령자도 늘어나고 있다. 지급 연령 인상이 완화책이 될 수는 있지만 근본적인 해결책은 될 수 없다.

초고령층의 연금이나 의료비 등의 사회보장비의 원천은 GDP 총액이므로 GDP가 줄어들면 사회보장제도 실행에 지장이 초래된다. 장

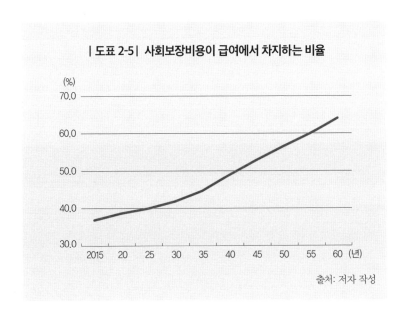

| 도표 2-5 | 사회보장비용이 급여에서 차지하는 비율

출처: 저자 작성

래의 생산가능인구의 생산성이 지금과 같다고 가정하고 현재의 사회보장비를 그대로 유지한다고 해도 64세 이하 인구의 소득 대비 사회보장비용 부담률은 2015년 36.8퍼센트에서 2060년에 64.1퍼센트로 늘어난다(도표 2-5).

이렇게 무거운 부담을 감당할 수는 없다. 연금제도 등을 '미세조정'하는 수준의 대책으로 해결될 문제도 아니다. 그렇기 때문에 생산가능인구의 생산성을 높이는 것 외에는 대응할 방법이 없다.

또한 일본에는 국가부채의 문제도 있다. 인구가 줄더라도 현재의 1,200조 엔에 달하는 나라 빚은 계속 남는다. 국가부채의 경우 그 총액보다는 'GDP에 대한 비율'이 중요하다. 일본의 GDP 대비 국가부채 비율은 지금도 이미 세계 최고 수준이다.

인구가 줄어들 경우 GDP를 유지하기 위해 생산성을 높이지 않으면 국가부채가 지금보다 증가하지 않는다고 가정하더라도 GDP 대비 국가부채의 비율은 지금의 두 배 이상이 될 것이다. 그 결과는 불 보듯 뻔하다. 나라가 망하는 것이다. 연금도 줄 수 없고, 의료비도 부담할 수 없다.

앞에서 말한 '일본인은 만족할 줄 아는 국민'이라는 발언은 듣기에는 좋을지 모르지만 실태를 전혀 이해하지 못한 무책임한 감정론에 불과하다. 일본에는 지식인을 포함해 이런 식의 발언을 일삼는 사람들이 너무나 많다. 위험하고 무지한 발언이 아닐 수 없다.

일본에서 GDP를 줄이는 것은 자살행위다. 결국 무엇을 어떻게 검토하든 인구 감소와 고령화로 인한 총수요 감소를 임금 인상을 통해 상쇄하는 수밖에 없다. 이를 위해서는 기업의 생산성을 향상시키고 산업의 부가가치를 높여야 한다. 논리적으로 분석하면 할수록 이 방법이 근본적이고 최선이다.

여러 가지 억측을 늘어놓으며 반박하는 사람도 있을 것이다. 그런 사람은 어중간한 분석밖에 못 하는 사람이거나, 계산기를 두드려보지도 않은 사람이거나, 단순한 망상가에 불과하다.

시대착오적 박리다매 전략

지금까지 일본 대부분의 기업은 '좋은 물건을 보다 싸게'라는 경영전략을 실행해왔다. 항상 효율을 추구하고 비용 절감, 특히 인건비 절감에 매진하고 있다. 많은 경영자들이 여기에만 온 힘을 다하는 것 같다.

박리다매 전략은 인구가 증가하던 시대에는 아주 좋은 전략이었다. 좋은 물건을 더 싸게 만들면 새로운 수요가 계속해서 생기기 때문에 단가가 떨어져도 그 이상으로 매출이 늘어난다. 결국엔 이익도 늘어나므로 생산자와 구매자 모두가 이득을 보는 전략이었다. 더 많이 팔아야 규모의 경제도 쉽게 달성할 수 있다.

그러나 박리다매 전략은 냉정하게 말해 우수한 노동자들만 있으면 아무리 바보 같은 경영자라도 취할 수 있는, 손쉬운 전략이다. 그만큼 노동자에게 커다란 부하가 걸린다.

일본 노동자의 질이 높은 것은 이미 전 세계적으로 알려져 있다. 세

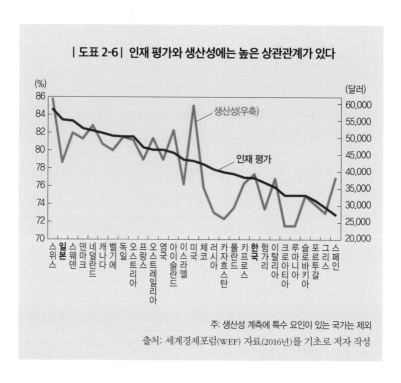

| 도표 2-6 | 인재 평가와 생산성에는 높은 상관관계가 있다

주: 생산성 계측에 특수 요인이 있는 국가는 제외
출처: 세계경제포럼(WEF) 자료(2016년)를 기초로 저자 작성

계경제포럼(World Economic Forum)의 평가에 따르면 일본 노동자의 질은 세계 4위다. 반면 생산성은 세계 28위다. 인재의 질이 높기 때문에 좋은 물건을 만들고는 있지만, 가격이 싸기 때문에 생산성이 낮아지는 것이다.

생산성이 낮다는 것은 당연히 소득수준도 낮다는 것을 의미한다. 인재 평가와 소득수준이 괴리되어 있는 선진국은 일본밖에 없다. 대부분의 나라에서는 인재 평가와 소득수준이 일치한다(도표 2-6). 그 상관계수(관련성의 세기를 나타내는 통계 지표. 1에 가까울수록 양의 관련성이 강하다. 0에 가까워질수록 관련성이 약하다)는 0.80이나 된다.

  인구가 감소하는 패러다임 대변환이 발생한 이상 경영자도 임금 인하에서 임금 인상으로 패러다임을 대변환해야 한다. 임금 인하 전략을 취하는 경영자는 국익에 역행하고 있는 것이다.

저차원 자본주의와 고차원 자본주의

지금까지 일본의 경영전략을 영어로 말하면 'Low road capitalism'이라고 할 수 있다. 이를 한 단어로 번역하기는 어렵지만, 가까운 의미의 표현은 '저차원 자본주의', 또는 '저부가가치·저소득 자본주의'일 것이다. 여기서는 편의를 위해 '저차원 자본주의'라고 부르겠다. 저차원 자본주의의 반대는 'High road capitalism'. 번역하면 '고차원 자본주의', '고부가가치·고소득 자본주의'다. 마찬가지로 여기서는 '고차원 자본주의'라고 부르겠다.

  고차원 자본주의에는 '왕도', '가시밭길', '어려운 고차원의 길'이란 뉘앙스가 있다. 한편 저차원 자본주의에는 '간단한', '안이한', '편하게 지내고 싶은', '땡땡이를 치고 있는', '속이는'과 같은 뉘앙스가 포함되어 있다. 이 두 가지의 차이를 이해하는 것은 향후 경제에 있어서 매우 중요하다. 아래에서 자세히 설명하겠다.

저차원 자본주의

먼저 저차원 자본주의부터 설명하고자 한다. 다른 설명도 있지만 《미국 사회: 실제로 작동하는 방법(American Society: How It Really Works)》이라는 책에 쓰여 있는 설명을 소개한다. 이 책은 에릭 올린 라이트(Erik Olin Wright)라는 미국의 사회학 교수가 쓴 책이다.

라이트 교수는 좌편향적인 정치 성향을 가졌다. 내 정치적 신조와 완전히 일치하지는 않지만 이 책의 분석은 매우 높게 평가한다. 또한 미국인이 미국 경제에 대해 이의를 제기한다는 점에서도 매우 가치가 있다.

저차원 자본주의 경영전략의 근본적인 철학은 '가격경쟁'이다. 비용을 낮추고 시장을 확대하는 것이다(도표 2-7). 저차원 자본주의의 상품이나 서비스는 대량생산이 주류다. 이들은 시장에 따라 세분화되는 정도가 낮아 일반 대중을 대상으로 유통된다.

한편 저차원 자본주의의 업무는 한 사람, 한 사람의 역할이 세분화된 분업체제에 적합하다. 특화된 분야의 기술력이 높아도 해당 기술을 사용할 수 있는 폭이 좁고 종합적인 기술력이 낮다는 특징이 있다. 또한 같은 일을 계속 반복하는 경우가 많다. 그 때문에 노동자들의 직업 훈련은 각자가 맡는 작업에 특화되어 있어 매우 집약적이고 구체적이며 응용의 정도가 상대적으로 낮은 기술 습득을 목적으로 한다. 반복되는 단순 작업을 위한 기술 습득이 목적인 것이다. 연수 기간도 짧고 주로 기업에 의해 제공된다.

저차원 자본주의에서는 업무의 자주성도 낮고 관리자와 노동자가

| 도표 2-7 | 두 가지 자본주의의 특징

	저차원 자본주의	고차원 자본주의
경쟁의 원천	주로 가격	주로 품질
상품의 특징	대량생산시장, 동종상품	전문성이 높고, 커스터마이즈된 상품
전형적인 작업	특정한 작업	멀티태스크
기술력	낮다	높다
연수	작업에 특화된 기술, 구체적인 기술	특정한 작업을 넘어서는 메타 스킬
연수 기간	짧다 기업이 제공	평생학습과 재교육, 기업과 공공기관이 제공
업무의 자주성	낮다	높다
조직 구성	관리직과 노동자의 명확한 구분, 계급 수가 많다	관리직과 노동자의 벽이 낮다, 계급 수가 적다
소득	상대적으로 낮다	상대적으로 높다

명확하게 구분되어 있어 관리 계층이 보다 두터운 경우가 많아 '관료주의'라고 표현하기도 한다.

이러한 특징으로 저차원 자본주의는 부가가치가 낮고, 새로운 테크놀로지의 등장으로 일자리를 빼앗기는 경우가 많고, 임금 수준이 상대적으로 낮다. '좋은 것을 더 싸게'는 이와 같은 철학을 드러내는 표현의 하나다.

고차원 자본주의

저차원 자본주의의 대척점에 위치하는 '고차원 자본주의' 경영전략의 근본적인 철학은 '가치 경쟁'이다. 시장을 세밀하게 나누고 분야마다 커스터마이즈된 상품이나 서비스로 서로 경쟁하는 것이 기본적인 원칙이다. 상품과 서비스의 종류가 많고 가격 설정도 상세하게 나누어져 있다.

고차원 자본주의의 기업은 상품을 싸게 만드는 것보다 품질이나 가치를 상대적으로 중시하는 전략을 취한다. 다른 상품에는 없는 차별화된 요소나 기능면의 우위성을 갖는 것이다. 특히 얼마나 효율적으로 부가가치를 창출할 수 있는지가 경영의 기본이 된다.

가장 싼 것이 아니라 가장 좋은 것을 만든다. 그러한 경영 방침에는 고객이 자신들의 니즈에 맞는 상품이나 서비스에 보다 높은 가격을 지불한다는 믿음이 존재한다.

고차원 자본주의의 경우 노동자는 여러 종류의 업무(멀티태스킹)를 수행할 수 있는 높은 수준의 기술을 갖고 있다. 그 기술의 핵심은 '메타 스킬'이다. 메타 스킬이란 특정한 업무를 수행하기 위한, 전문성이 높으면서도 다른 분야에 응용할 수 있는 기술을 말한다. 즉 어떤 기술을 취득하기 위한 기술, 예를 들어 특정 컴퓨터 소프트웨어를 잘 다루는 기술이 아니라 마케팅 능력이나 조사·분석 능력, 또는 문제 해결 능력이나 사람을 설득하는 능력처럼 단순히 업무를 수행하는 능력이 아니라 업무를 개선하고 조직을 바꾸는 능력을 말한다. 이처럼 '폭넓게 응용할 수 있는 기술'을 메타 스킬이라고 한다.

고차원 자본주의에서는 평생학습을 통해 끊임없이 기술을 향상시킬 필요가 있다. 고차원 자본주의의 기업에서는 새로운 테크놀로지가 등장할 때마다 상사에서 부하에 이르기까지 전 직원을 대상으로 재연수·재교육이 이루어진다. 기업뿐만 아니라 국가 차원에서 대처하는 경우도 많아서 새로운 기술의 보급을 촉진할 경우 공공기관도 큰 역할을 한다.

고차원 자본주의 기업에서는 관리자 측과 노동자 측의 장벽이 낮아 노동자에서 사장까지의 계급 수가 적다. 그래서 일반 직원의 급여수준이 상대적으로 높아진다. 고차원 자본주의는 국가 전체의 부가가치를 늘려 이를 분배하므로 노동자에게도 높은 비율로 분배된다. 쉽게 말하자면 '더 좋은 것을 더 비싸게' 취급하는 것이다.

저차원 자본주의의 일시적 효과

일본은 1992년 이후 GDP가 제자리걸음을 하며 거의 늘지 않고 있다. 반면 그동안 금리가 크게 떨어져서 예금 이자가 거의 제로거나 마이너스 금리가 됐다. 더 안타까운 건 그동안 기업들이 직원들의 급여를 계속 줄여왔다는 것이다. 그 결과, GDP가 늘어나지 않음에도 불구하고 기업의 이익은 늘어났다(도표 2-8).

자본주의의 본래 목적은 국민의 생활수준을 높이는 것이다. 물론 GDP가 늘어나면서 동시에 기업의 이익도 늘어나는 것이 이상적이지

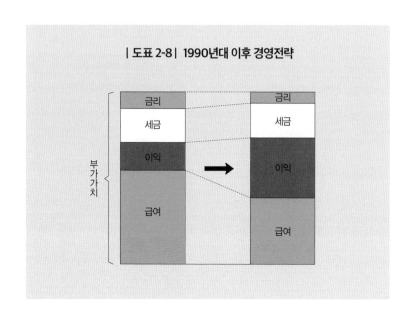

| 도표 2-8 | 1990년대 이후 경영전략

만, GDP가 늘어나는 것과 기업의 이익이 늘어나는 것 중 어느 쪽이 더 중요하냐고 한다면 두말할 것도 없이 GDP의 증가다(도표 2-9).

1990년대 들어 일본이 취한 전략은 고차원 자본주의에서 저차원 자본주의로의 이행이었다. 의도한 것은 아니었겠지만 결과적으로 사실이 그랬다. 일본의 생산성은 1990년 기준 세계 10위였으므로 이때까지는 아직은 고부가가치·고소득 자본주의였다. 그러나 지금은 생산성이 28위로 저부가가치·저소득 자본주의로 완전히 옮겨갔다.

기업이 고차원 자본주의에서 저차원 자본주의로 이행하면 일시적으로 이익이 늘어나는 현상이 나타난다. 그도 그럴 것이 연수비나 설비투자, 직원 급여, 연구개발비 등을 줄이면 일시적으로 이익이 증가

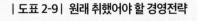

| 도표 2-9 | 원래 취했어야 할 경영전략

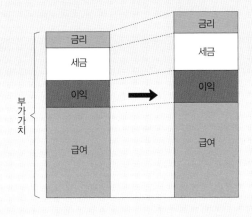

한다. 그러나 이러한 행위는 미래에 대한 투자를 줄이는 것이므로 장기적으로 봤을 때 기업의 지속가능한 성장을 위협하게 된다.

결과적으로 기업의 국가에 대한 기여도도 낮아지므로 국가의 사회보장제도 유지가 어려워진다. 인구 증가 시대에는 저차원 자본주의로도 기업과 국가 모두 큰 이익을 얻을 수 있었지만, 인구 감소 시대에 저차원 자본주의를 취하는 것은 나라가 망하는 지름길이다. 인구 감소 시대에는 고차원 자본주의 외에 다른 선택의 여지가 없다.

시대에 맞는 경제모델을 찾아라

경제에 있어 일본은 미국을 지나치게 의식하는 경향이 있다. 확실히 미국은 오랫동안 높은 비율로 GDP가 성장하고 있으며 세계 최대의 GDP를 자랑하는 경제대국이다. 표면적인 수치만 본다면 미국의 전략을 흉내 내고 싶은 마음이 드는 것도 당연할 것이다.

그러나 전 세계적 차원에서 보면 미국 경제는 매우 특수한 경우임을 알 수 있다. 미국은 저차원 자본주의와 고차원 자본주의 전략을 동시에 구사하고 있다. 독일이나 스위스, 네덜란드, 싱가포르, 홍콩 등 고차원 자본주의에 특화되어 있는 나라와는 전략이 매우 다르다.

미국이 저차원과 고차원 자본주의를 동시에 실시하는 이유는 국민이 교육 수준의 차이로 인해 빈부격차라는 문제를 안고 있음에도 불구하고 해마다 인구가 계속 늘고 있기 때문이다. 즉 늘어나는 인구만큼 일자리를 만드는 데 어려움이 있다. 또한 미국은 일본이나 유럽처럼 사회보장제도가 충실하지 않기 때문에 국가가 사회보장비를 걱정할 필요가 없어 고차원 자본주의로 이행할 동기가 크지 않다.

예전에는 일본도 미국형 경제 전략을 취했다. 인구가 급격히 늘어났기 때문에 미국과 같은 전략을 택하는 것이 합리적일 뿐만 아니라 실제로 올바른 선택이었다. 하지만 지금은 상황이 다르다. 일본은 인구 감소 시대에 진입했기 때문에 흔히 말하는 유럽형 경제로 바뀌어야 한다. 지금이야말로 전략의 대변환이 필요하다.

고차원 자본주의로 전환하라

앞서 소개한 WEF의 평가에서도 알 수 있듯 일본 노동자의 질은 세계 4위다. 그뿐만이 아니다. 높은 특허 출원 건수 등에서도 기술력의 정도를 확인할 수 있다. 또한 인프라도 잘 정비되어 있다. 즉 고차원 자본주의로 이행하기 위한 기본적인 바탕이 이미 잘 갖추어져 있다(도표 2-10).

그러나 일본 경제의 부가가치가 낮다. 반복해서 말하지만 과거 일본은 인구가 급격하게 늘었기 때문에 개개인의 생활수준이 크게 높아지지 않더라도 국력의 기반이 되는 GDP가 성장할 수 있었다. 하지만 그런 시대는 이미 끝났다.

일본이 고차원 자본주의로 이행해야 할 명확한 이유가 여러 가지 있다.

1. 사회보장제도를 충실하게 실행하기 위해 생산성을 높이지 않으면 안 된다.
2. 국가부채 문제를 해소하기 위해 생산성 향상이 불가결하다.
3. 경제를 성장시키기 위해 다른 선진국보다도 높은 생산성 향상이 필요하다.

일본에서 고차원 자본주의를 실현하기 위해서는 우선 의식을 바꾸고 거국적인 여론을 형성할 필요가 있다. 민간 기업만으로 할 수 있는

| 도표 2-10 | OECD 국가의 인재의 질 순위

순위	국가	평점
1	핀란드	85.86
2	노르웨이	84.54
3	스위스	84.51
4	일본	83.44
5	스웨덴	83.29
6	뉴질랜드	82.79
7	덴마크	82.47
8	네덜란드	82.18
9	캐나다	81.95
10	벨기에	81.59
11	독일	81.56
12	오스트리아	81.52
13	싱가포르	80.94
14	아일랜드	80.79
15	에스토니아	80.63
16	슬로베니아	80.33
17	프랑스	80.32
18	오스트레일리아	80.08
19	영국	80.04
20	아이슬란드	79.74
24	미국	78.86
32	한국	76.89
34	이탈리아	75.85
44	그리스	73.64
45	스페인	72.79

출처: WEF 자료(2016년)를 기초로 저자 작성

일도 아니며 국가 주도에 의한 인재 양성 교육이나 평생학습 전략이 필수적이다. 민간 기업이 고차원 자본주의로 이행하기 위한 설비투자에는 정책적인 지원도 필요할 것이다.

원칙은 변할 수 있다

생산성 향상을 위한 의식 개혁의 필요성과 관련해 매우 흥미로운 것을 발견했다. 바로 '일본생산성본부'라는 기관이다. 공익재단법인인 일본생산성본부는 사업 규모가 약 100억 엔, 직원 수가 약 250명이다. 이 법인의 목적은 다음과 같다.

"사회 경제시스템 및 생산성에 관한 조사 연구, 정보의 수집 및 제공, 보급 및 계발, 연구회, 세미나 등을 개최함으로써 사회 경제시스템 해결에 이바지하기 위한 국민적 합의 형성에 노력하는 동시에 글로벌화에 대응한 대외활동을 전개하여 국민 경제의 생산성 향상을 도모하고, 이로써 일본 경제의 발전, 국민생활환경의 향상 및 국제사회에 기여하는 것을 목적으로 한다."

일본생산성본부 홈페이지에는 '생산성 운동의 3원칙'이라는 것이 게재되어 있다. 1955년 5월에 제정된 것으로 지금도 원칙적으로 유지되고 있다. 그 원칙은 다음과 같다.

1. 고용의 유지·확대

2. 노사의 협력과 협의

3. 성과의 공정한 분배

1955년 당시에는 이것이 올바른 정책이었음에 틀림없다. 그러나 이 기본적 원칙이 인구 감소 시대에도 어울린다고는 보기 어렵다. 제5장에서 이 3원칙을 보다 자세히 검토하기로 하고 여기서는 간단히 살펴보기로 한다.

첫 번째 생산성 향상의 궁극적인 목적을 '고용의 유지·확대'라고 한다. 이는 고도성장시대, 바로 인구 증가 시대에 걸맞은 인식이었다. 증가하는 생산가능인구의 일자리를 만드는 것이 국가 최대의 과제였으니 말이다.

두 번째 '노사의 협력과 협의'는 인구요인에 의해 성장하는 경제가 보다 부드럽고 효율적으로 성장하기 위한 수단이 된다. 힘을 합쳐 에너지의 낭비 없이, 마찰을 빚지 않고, 사이좋게 지내자는 정신인데, 이 것 또한 고도성장기에 요구되는 중요한 원칙이다.

세 번째 '성과의 공정한 분배'는 모두 사이좋게 협력하는 대신에 그 성과를 공정하게 분배한다는 약속으로, 말하자면 포상이다.

이러한 원칙들이 여전히 사람들의 머릿속에 박혀 있다. 이것이 바로 앞으로의 생산성 향상 의식을 정립하는 데 커다란 걸림돌이 된다. 이런 낡은 의식으로는 경제의 발전을 기대하는 것이 불가능하다. 이 3원칙을 완전히 바꿀 필요는 없지만 크게 조정할 필요가 있다.

이대로 두면 일본은 삼류가 된다

지금 일본은 커다란 위기 상황에 처해 있다. 일본은 이미 선진국 가운데서도 이류로 평가받고 있다. 잘못하면 등급이 더 낮아져서 그리스, 스페인, 이탈리아 등과 같은 삼류 선진국으로 강등될지도 모른다.

일본의 노동생산성은 그리스보다 3퍼센트포인트 높을 뿐, 이탈리아나 스페인보다도 낮다. 1인당 생산성으로 보면 이미 삼류다. 다만 실업률이 그리스, 이탈리아, 스페인보다 나을 뿐이다(도표 2-11).

바로 여기에 일본 정부가 기업들에게 임금 인상 전략으로의 대변환을 요구할 이유가 있다. 하지만 당장 눈앞의 일만 생각하면 기업은 임금 인상 전략으로 대변환하는 데에 따른 이득이 크지 않다. 또한 정부의 부탁만으로 민간 기업이 그렇게 쉽게 전략을 바꿀 리도 없다.

시장의 원리에 맡겨버리면 일본 경제의 앞날은 캄캄하다. 결국은 국민에게 어마어마한 부담이 돌아갈 것이다. 따라서 정부는 고차원 자본주의, 즉 고부가가치·고소득 자본주의로 정책을 대변환하고 기업을 현명하게 이끌어갈 필요가 있다.

| 도표 2-11 | 노동자의 생산성(노동자 1인당 GDP) 순위

순위	국가	생산성 (달러)	순위	국가	생산성 (달러)
1	룩셈부르크	227,827	16	스웨덴	100,072
2	카타르	176,717	17	덴마크	99,678
3	브루나이	163,166	18	오스트레일리아	98,966
4	싱가포르	162,610	19	이탈리아	98,458
5	아일랜드	159,335	20	오스트리아	97,929
–	마카오	146,352	21	독일	95,345
6	사우디아라비아	143,342	22	핀란드	94,710
7	쿠웨이트	135,815	23	바레인	94,386
8	노르웨이	134,569	24	몰타	92,637
–	푸에르토리코	126,543	25	스페인	91,154
9	미국	120,184	26	캐나다	90,626
–	홍콩	112,983	27	아이슬란드	86,507
10	벨기에	110,762	28	영국	86,343
11	스위스	107,803	29	일본	83,233
12	프랑스	106,611	30	이스라엘	81,433
13	오만	105,034	31	적도기니	80,700
14	네덜란드	102,508	32	그리스	80,449
15	아랍에미리트	102,493	33	한국	74,379

출처: 세계은행 자료(2016년)를 기초로 저자 작성

제3장

해외시장을
노려라

:: 우리가 몰랐던 수출 효과 ::

패러다임 대변환 3
: 공급과잉조절을 위한 수출 진작 :

•

디플레이션 압력을 완화하려면 인구 감소와 고령화에 따른 공급과잉을 조절하는 것이 필요하다. 공급과잉의 일부는 수출로 돌려 조정할 수 있다. 수출은 생산성 향상에도 크게 기여하지만 수출을 위해서는 사전에 생산성을 향상시킬 필요가 있다.

제2장에서는 무엇보다도 '생산성 향상을 위한 의식 개혁'이 필요하고 고차원 자본주의로 대변환할 것을 제안했다. 제3장에서는 더 구체적인 대책에 대해 이야기하고자 한다.

강력한 디플레이션 압력에 맞서기 위해서는 양적완화만으로는 효과가 미비하다. 단순히 수요가 부족하니 양적완화를 통해 수요를 일으킨다는 식의 정책으로는 한계가 있기 때문에 보다 더 근본적인 대책이 필요하다는 것이다. 이런 상황에서 수요의 진작보다는 공급과잉의 해소가 시급하다. 이를 해결하기 위해서는 무엇보다도 '수출 확대'가 필요하다고 생각한다. 즉 인구 감소와 고령화로 인해 팔 수 없게 된 물건이나 서비스의 일부를 해외에 수출하자는 것이다. 다시 말해 공급에 대한 내수 감소를 보완하기 위해 해외 수요를 찾아야 한다는 말이다.

제3장에서는 그 대책에 대해 살펴보고자 한다. 그리고 수출을 확대하려면 결국 제2장에서 설명한 고부가가치·고소득 자본주의로의 대변환이 불가피함을 설명할 것이다.

인구 감소 시대의 공급과잉

앞으로 일본은 수급 균형이 큰 규모로 무너질 것이다. 제1장에서 설명했듯이 민간 경제는 수요가 줄더라도 공급을 줄이는 것에 취약하기 때문이다.

인구가 성장하고 있을 때는 수요가 늘어나는 형태로 수급 균형이 무너진다. 그리고 늘어난 수요를 흡수하기 위해 기업들이 사후적으로 공급을 늘려 결국에는 수급 균형이 이루어진다. 이때는 경제 자체가 성장하기 때문에 공급을 늘리는 것은 어찌 보면 건설적이고 희망적인 일이 된다. 이익도 늘어나고 기업도 자발적으로 공급을 늘리려 하기 때문에 수급 조정이 쉽다.

그러나 인구 감소로 인해 수요가 구조적으로 줄어들 때 이에 대응하기 위해 공급을 삭감하는 것은 그리 쉬운 일이 아니다. 이 과정을 기업에만 맡기면 사회적으로 떠안을 부담이 매우 커진다.

앞서 설명했듯이 10개 기업이 존재할 수 있는 만큼의 수요가 있는 시장에서 8개밖에 살아남지 못하는 시장으로 그 규모가 줄어들면 극심한 생존경쟁이 일어난다. 어떤 회사도 스스로 자진해서 문을 닫으려고 하지 않기 때문에 10개의 기업 모두가 라이벌을 제치고 라스트 맨 스탠딩 이익을 얻으려고 한다. 결과적으로 수급 균형 조정이 더욱 어려워진다.

여기에는 인간의 심리도 복합적으로 얽혀 있어 인구 감소가 가져오는 디플레이션 압력이 인구 증가에 의한 인플레이션 압력보다 압도적으로 강해진다. 공급을 줄이기를 꺼리는 기업들이 설비를 줄이지 않으면 수급 격차가 점점 더 커진다. 그 결과 디플레이션이 가속화되어 디플레이션 악순환에 빠질 가능성도 높아진다.

의외로 수출할 만한 것이 많다

인구가 감소하는 일본에서는 모든 상품과 서비스에 대한 국내 수요가 더욱 줄어들 것이다. 이론상으로는 그에 따른 설비 과잉을 해결하기 위해 필요 없는 설비부터 순차적으로 줄여야 한다.

그러나 실제 설비를 없애기 전에 검토해야 할 것이 있다. 바로 수출 확대 여부다. 정부가 앞장서서 필요 없는 설비나 상품을 철저히 조사·분석해야 한다. 인구 감소와 고령화로 인해 불필요해진 설비를 산출하여 그중에서 수출에 필요한 설비를 가려낸 뒤, 이를 수출할 수 있도록 지원해야 한다.

많은 일본인들이 일본을 수출 대국이라고 생각한다. 확실히 일본의 수출 총액은 세계 4위로 상위에 위치해 있다(도표 3-1). 그러나 항상 이야기하는 것처럼 그것은 어디까지나 총액의 이야기다.

일본은 선진국 중 미국 다음으로 인구가 많고, 경제 규모가 크기 때문에 수출의 총액이 커지는 것은 당연하다. 문제는 인구 1인당 수출액이다.

일본의 수출 총액은 적지 않지만 인구가 8,200만 명인 독일의 수출

| 도표 3-1 | 각국의 수출 상황

국가	수출액 (10억 달러)	인구(명)	1인당 수출액 (달러)	GDP 대비(명목) 비율(%)
중국	2,157.0	1,409,517,397	1,530.3	19.6
미국	1,576.0	324,459,463	4,857.3	11.9
독일	1,401.0	82,114,224	17,061.6	46.1
일본	683.3	127,484,450	5,359.9	16.1
한국	577.4	50,982,212	11,325.5	42.2
프랑스	551.8	64,979,548	8,491.9	29.3
네덜란드	526.4	17,035,938	30,899.4	82.4
이탈리아	499.1	59,359,900	8,408.0	29.8
홍콩	496.6	7,364,883	67,428.1	187.4
영국	436.5	66,181,585	6,595.5	28.3
캐나다	433.0	36,624,199	11,822.8	31.0
멕시코	406.5	129,163,276	3,147.2	38.2
싱가포르	372.9	5,708,075	65,328.5	172.1
대만	344.6	23,626,456	14,585.3	59.5
러시아	336.8	146,989,754	2,291.3	25.7
스위스	336.8	8,476,005	39,735.7	65.8
상기 합계	11,135.7	2,560,067,365	4,349.8	25.3

출처: CIA 자료(2017년)를 기초로 저자 작성

액은 일본의 약 두 배다. 인구 1인당 수출액을 보면 일본은 세계 44위에 불과하다. GDP 대비로는 더 낮아서 117위다. 총액으로는 일본이 수출 대국처럼 보이지만 상대적으로 보면 수출 소국인 셈이다. GDP 규모로 보면 수출 잠재력이 충분히 발휘되지 않고 있다.

일본은 전후(戰後) 인구가 폭발적으로 증가함에 따라 국내 시장도 맹렬한 속도로 확대됐다. 일본 기업은 국내 시장만으로도 큰 이익을 얻었기 때문에 수출의 필요성이 크지 않았다. 그럼에도 불구하고 그때는 워낙 일본 경제가 호황이어서 수출 대국이기도 했다.

하지만 앞으로는 다르다. 인구가 크게 감소하기 때문에 국내 시장을 위해 만든 설비가 남아돌게 된다. 전부는 어렵더라도 그 일부를 효율적으로 활용하기 위해서 해외 수출을 더욱 늘려야 한다.

수출에 소극적인 세 가지 이유

수출을 늘려야 한다고 이야기하면 대개 다음의 세 가지 반론이 나온다.

1. 경제대국은 수출 비율이 낮다

이렇게 반론하는 사람은 아마 미국을 염두에 두고 있는 것 같다. 확실히 세계 제일의 경제대국인 미국은 GDP 대비로 보면 결코 수출 대국이 아니다.

그러나 일본의 학자들은 세계 상황을 고려할 때 미국만 보는 버릇이 있어서 '세계=미국'이라는 고정관념이 너무 강하다. 여기서는 자세히 설명하지 않겠지만 미국은 결코 표준적인 나라가 아니고, 오히려 예외적인 나라다. 그러니 미국을 기준으로 어떤 논리를 펼치면 굉장히 편향된 이야기가 되기 쉽다.

세계은행에 따르면 세계 GDP 총액 대비 수출액은 평균 41.07퍼센트(2016년)다. 선진국 중에서 수출액 3위인 독일은 46.1퍼센트다. 세계 GDP의 대부분을 선진국이 차지하고 있다. 그러니 세계 GDP에 대한 수출액 비중이 40퍼센트가 넘는다는 것은 선진국 대부분이 생산품의 상당량을 수출하고 있음을 보여준다. 그래서 미국을 예로 들어 '경제대국은 수출 비율이 낮다'고 하는 것은 매우 편향된 논거다.

특히 앞으로 일본에 펼쳐질 위기를 미국과 비교하며 판단하는 것은 더욱 더 부적절하다. 인구가 지속적으로 늘어나 내수만으로도 충분히 경제가 잘 돌아가는 미국 경제와 달리 일본은 경제를 지탱할 인구가 줄어든다. 일본은 미국과 인구 차가 점점 벌어져서 장차 유럽 국가들 규모로 줄어들 것이다. 따라서 수출을 늘려야 한다는 것은 자연스러운 흐름이다.

일본은 높은 기술력이라는 경쟁력을 가진 나라다. 독일이나 스위스도 높은 기술력을 바탕으로 수출 비율이 높다. 그런 의미에서 일본이 수출을 늘리는 것은 전혀 어려운 일이 아니다.

2. 독일은 EU 회원국이기 때문에 수출 비율이 높다

다음 반론은 독일의 수출 비율이 높은 원인을 EU 회원국이라는 사실에서 찾는 경우다. 확실히 독일의 수출 비율이 높은 원인의 하나는

EU 역내에서 무관세로 수출할 수 있는 환경적인 유리함이 있다.

하지만 독일의 높은 수출액이 이것만으로 전부 설명되지 않으며, EU를 만들어 독보적인 시장을 확보하고 개척한 독일의 그동안의 노력을 부정할 필요도 없다. 그렇다면 일본도 같은 환경을 만들어야 한다는 이야기가 될 뿐이다.

일본이 중심이 되어 추진해온 환태평양경제동반자협정(TPP)이 바로 그 일환이 아니었던가?

3. 중국과의 경쟁에서 이길 수 없다

이 반론은 매우 일본적인 사고방식이다. 일본은 개발도상국이 아니니 처음부터 중국과의 경쟁을 염두에 두어서는 안 된다. 독일만 하더라도 중국과 경쟁하는 것이 아니기 때문이다.

중국이 만들어 수출하는 것의 대부분은 부가가치가 낮은 과거의 기술을 사용한 상품이다. 그 성장이 매우 뚜렷하다고는 하지만 여전히 중국은 최첨단 기술을 사용한, 부가가치가 높은 상품의 비율이 높지 않다.

새삼스럽게 말할 필요도 없이 일본은 선진국이다. 선진국인 일본의 수출을 늘리자는 이야기에서 중국을 경쟁 상대로 생각하는 발상 자체에 문제가 있다.

중국은 저임금 노동력을 무기로 한 저부가가치 상품에 경쟁력이 있다. 중국이 일본의 경쟁 상대라는 생각의 이면에는 일본의 노동력을 싸게 써서 가격경쟁을 하겠다는 의도가 있는 것은 아닌지 의심이 된다. 앞서 설명한 일본 경영자들 의식의 문제가 바로 여기서 극명하게 드러난다.

성공한 수출 전략

이와 같은 반론에도 불구하고 결국 인구가 줄어드는 상황에서는 수출이 무엇보다 가장 효과적인 대책임은 틀림없다. 따라서 불필요한 설비를 구분하여 어떻게 수출에 활용할 수 있을지를 고민하고 시스템을 구축하여 수출에 대비해야 한다.

많은 사람들이 의식하지 못하지만 이는 이미 일본에서 진행되고 있다. 바로 일본을 방문하는 외국인을 늘리는 것, 즉 관광 전략이다. 외국인의 방문을 늘리는 관광 전략은 외국인들이 일본에서 외화를 사용하게 한다는 의미에서 아주 훌륭한 수출 산업이라고 할 수 있다.

일본에 있는 문화재나 국립공원 등의 관광 자원은 얼마 전까지만 해도 이용자의 대부분이 일본인이었다. 또한 호텔이나 온천 여관 등의 숙박 시설과 스키 리조트 등도 일본인 관광객에 의해 유지됐다. 그러다 1990년대 이후 일본의 젊은이들이 줄어들면서 관광업계 전체가 쇠퇴하기 시작했다.

이에 아베 정권은 일본인 관광객이 찾지 않는 지방의 관광자원을 재활성화하기 위해 새로운 수요자를 찾기 시작했다. 그 전략의 일환이 바로 외국인 관광객을 불러들이는 것이었다. 해외시장을 분석하고 문제점을 파악·해결하여 어느 나라, 어느 계층의 사람들에게 어떤 정보를 전달하면 해외 관광객을 일본으로 불러들일 수 있을지를 고민하고 실행했다.

그 결과 지금 일본 정부는 2020년에 4,000만 명, 2030년에 6,000만 명의 외국인 관광객 유치를 목표로 하고 있다. 2013년 전까지 외국인 관광객 수는 1,000만 명에도 이르지 못했기 때문에 이 목표를 회의적으로 보는 사람도 적지 않았다. 그러나 2018년 그 수가 3,000만 명을 넘어서면서 목표 달성의 현실성을 갖게 됐다. 일본의 관광 자원을 '수출'함으로써 수요를 일으키고 활기를 되찾은 것이다.

이제는 관광산업에서의 성공을 본받아 전 산업이 수출 확대를 시도해야 한다. 모든 공급과잉 문제의 해결책이 될 수는 없지만 공급과잉의 일부를 흡수할 수는 있다. 수요 부족 문제의 일부를 해결하는 데에는 유효한 답이 될 것이다.

수출과 생산성 향상

수출 증가는 일본의 최대 과제인 '생산성 향상'에도 크게 도움이 된다. GDP 대비 수출 비중이 높은 나라는 생산성이 매우 높은 경향을 확인할 수 있다(도표 3-2). 선진국만 보더라도 수출 비율과 생산성 사이에 0.845라는 매우 높은 상관계수를 확인할 수 있다. 또한 기업을 기준으로 보더라도 수출을 많이 하는 기업이 수출하지 않는 기업보다

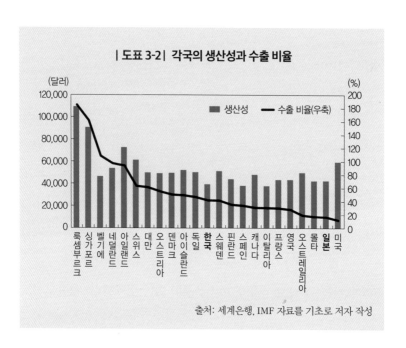

| 도표 3-2| 각국의 생산성과 수출 비율

(달러) / (%)

생산성 / 수출 비율(우축)

룩셈부르크 / 싱가포르 / 벨기에 / 네덜란드 / 아일랜드 / 스위스 / 대만 / 오스트리아 / 덴마크 / 아이슬란드 / **한국** / 독일 / 스웨덴 / 핀란드 / 스페인 / 캐나다 / 이탈리아 / 프랑스 / 영국 / 오스트레일리아 / 몰타 / **일본** / 미국

출처: 세계은행, IMF 자료를 기초로 저자 작성

생산성이 높다는 것이 전 세계적으로 확인되고 있다.

이건 어떻게 보면 당연한 것이다. 국내 시장뿐만 아니라 더 많은 시장에 팔 수 있다는 건 규모의 경제가 작용하는 것이기 때문에 개발비 등을 더 많은 수요자에게 부담시킴으로써 비용의 부담을 줄일 수 있는 것이다.

논리는 이야기한 그대로다. 하지만 이야기처럼 쉬울지 의문을 가진 사람도 있을 것이다. 최근 해외 대학 등에서는 수출과 생산성 간의 인과관계를 자세히 분석하고 있다. 이 분석 가운데에는 특히 일본에 중요한 세 가지 시사점이 있다.

- 수출하기 때문에 생산성이 높아지는 것인가, 생산성이 높기 때문에 수출이 증가하는 것인가?
- 수출로 인한 학습효과는 무엇인가?
- 학습효과 등에 의해 생산성이 계속적으로 향상되는가?

미국의 국립경제연구실(The National Bureau of Economic Research)이 정리한 〈수출 및 생산성(Exporting and Productivity)〉이라는 보고서에 따르면 생산성과 수출에는 높은 상관관계가 있음을 알 수 있다. 또한 독일 뤼네부르크대학교가 33개국의 수출과 생산성의 관계를 분석한 결과에서도 같은 결론을 얻었다.

그러나 미국의 분석에서는 수출함으로써 생산성이 향상되는 것이 아니라 이미 생산성이 높은 기업들이 수출을 한다고 결론지었다. 이 분석의 흥미로운 점은 다음 문장에 집약되어 있다.

"새로 수출을 시작하는 기업의 생산성은 이미 수출하고 있는 기업보다는 낮았지만 수출하지 않는 기업보다는 높았다. 수출을 시작하기 전, 특히 수출을 시작한 해에 생산성이 크게 높아지지만, 5년이 지나면 생산성 향상의 효과는 거의 없었다."

즉 수출함으로써 생산성이 높아진다는 가설은 부정되는 것이다. 해외에 수출하는 것 자체는 생산성의 중요한 요인이 아니라 것이다. 오히려 수출하고자 하는 의지가 더 중요하고 그것이 생산성 향상의 비결이라는 것이다.

또한 이 분석에 따르면 수출함으로써 시장의 흐름을 보다 잘 파악하게 되거나 생산성을 계속적으로 향상시킨다는 가설에 대해서는 확인할 수 없었다고 한다. 즉 학습효과는 없다고 단언한다.

인구 규모가 크면서 수출 대국이기도 한 독일의 사례도 살펴보겠다. 뤼네부르크대학교가 발표한 논문 〈독일의 수출 및 생산성(Exports and Productivity in Germany)〉에서도 앞서 소개한 미국의 분석과 거의 같은 결과가 나왔다.

| 도표 3-3| 독일 제조업 수출 기업의 특징

년	매출에서 차지하는 비율(%)	생산성		직원 수의 평균(명)		인적자본	
		수출		수출		수출	
		안 한다	한다	안 한다	한다	안 한다	한다
1995	22.53	124,016	132,433	64.71	199.04	27,664	29,852
1996	23.56	126,149	135,923	64.62	193.74	27,614	30,186
1997	24.07	121,353	141,179	59.21	191.38	26,915	30,604
1998	24.57	124,167	147,148	60.12	193.87	27,015	30,976
1999	24.94	128,294	149,488	58.94	192.60	26,853	31,171
2000	26.10	127,553	152,632	60.48	192.46	26,943	31,529
2001	26.99	124,384	150,426	60.02	191.83	26,733	31,572
2002	27.92	123,490	151,273	59.51	185.25	26,837	31,544
2003	28.37	124,229	153,489	59.07	180.62	26,974	31,653
2004	29.47	126,646	162,165	58.05	179.36	27,056	32,120
신장률(%)		2.1	22.5	-10.3	-9.9	-2.2	7.6

주: 인적자본은 급여, 생산성은 매출을 기초로 산출, 단위: 유로
출처: 〈독일의 수출 및 생산성〉

즉 수출을 하는 기업은 수출을 안 하는 기업보다 생산성이 높았다. 흥미롭게도 매출에서 차지하는 수출 비율의 높고 낮음에 관계없이 수출만 하고 있으면 생산성이 높다는 결과가 나왔고, 이 또한 미국의 결과와 같았다. 여기서도 수출하는 기업은 생산성이 높은데, 수출을 한다고 해서 높아지는 것이 아니라 생산성이 높은 기업이 수출을 한다는 사실을 알 수 있었다. 이 또한 학습효과를 부정하는 결과다.

이 자료를 통해 독일에서 수출하는 기업의 비율이 높다는 사실을 알고 적잖이 놀랐다. 2004년의 자료라 오래됐지만, 독일 제조업체 중 65퍼센트의 기업이 수출을 하고 매출의 29.5퍼센트를 해외에서 벌어들인다고 한다(도표 3-3).

지금까지 소개한 분석에는 중요한 시사점이 있다. 바로 수출에 성공하는 기업의 특징이다. 독일의 경우 수출하는 기업의 생산성이 수출하지 않는 기업의 1.3배라고 한다. 다만 두 기업 간의 규모가 크게 달랐다. 수출하는 기업은 평균 직원 수가 179.4명인 반면 수출하지 않는 기업의 평균은 58.1명이었다. 기업 규모와 생산성의 관계에 대해서는 제4장에서 다시 살펴보기로 한다.

수입과 생산성 향상

이 책을 쓰기 위해 각종 자료를 조사하면서 뜻밖의 사실을 배웠다. 그것은 최근 연구에서 밝혀진 수입과 생산성의 상관관계다.

수출은 자국 경제에 플러스가 되지만, 수입은 마이너스가 된다는 것이 일반적인 생각이었다. 그래서 어느 나라든 수출은 추구하면서도 수입은 제한하고 싶어 하는 경향이 있었다. 하지만 수출이 그렇게 대단한 것도 아니고 수입이 그렇게 나쁜 것도 아니라는 사실을 최근에서야 알았다.

헝가리의 자료에 따르면 1990년대의 생산성 향상 중 30퍼센트는 수입이 주요인이라고 한다. 하지만 수입이 생산성 향상으로 이어질 수 있다고 해서 무조건 아무거나 수입해도 된다는 말은 아니다. 무엇을 수입하는지가 생산성 향상에 중요한 영향을 미친다.

OECD의 보고서 〈수입품이 생산성과 경쟁력을 향상시키는 방법(How Imports Improve Productivity and Competitiveness)〉에 따르면 중간재와 서비스의 수입이 생산성 향상에 중요하다는 결과가 나왔다. 중간재는 다른 상품이나 서비스의 완성품을 만들기 위한 상품이나 서비스를 의미한다. 즉 원자재가 아니라 부품 등을 말하는 것이다.

또한 〈수입, 생산성 및 글로벌 가치 사슬: 유럽 기업의 수준 분석(Imports, Productivity and Global Value Chains: A European Firm-Level Analysis)〉이라는 보고서는 1만 4,000개의 유럽 기업을 분석한 결과를 소개하고 다음과 같이 결론을 내렸다.

1. 중간재 수입은 생산성 향상과 상관관계가 크다.
2. 생산성이 높은 기업일수록 수입에 따른 생산성 향상 효과가 크다.
3. 수입에 의한 학습효과가 인정된다.

3번째 학습효과에 관해서는 기성품보다 커스터마이즈된 제품을 수입하는 것이 그 효과가 더 크고, 개발도상국보다 선진국에서 수입하는 것이 생산성 향상으로 이어진다고 한다.

　이 분석을 뒷받침하는 또 하나의 근거가 〈수출입이 한국의 전요소생산성에 미치는 영향(The Effect of Imports and Exports on Total Factor Productivity in Korea)〉이라는 논문이다. 이 논문에서는 어떤 수입이 생산성 향상으로 이어지는지를 분석했다. 논문에 따르면 자본재(capital goods)나 소비재(consumer goods)의 수입은 생산성 향상에 도움이 되는 반면 원재료는 그렇지 않다고 한다. 동시에 G7 국가로부터의 수입은 생산성 향상에 도움이 되지만 개발도상국으로부터의 수입은 기여도가 크지 않다고 한다. 이는 앞에서 살펴본 것과 같은 결론이다.

수입을 꺼리는 이유

수입과 생산성의 관계를 분석한 결과를 소개하는 이유는 일본의 수입 비율이 수출 비율보다 더 낮고 세계적으로도 매우 낮은 수준이기 때문이다.

　예전에는 원자재 외의 수입은 적은 편이 좋다고 생각했다. 그러나 최근 기술의 진보와 세계화의 진전에 따라 선진국으로부터 중간재를 수입하는 정책에는 큰 이점이 있다는 것을 알게 됐다.

언론 등에서 자주 보도되는 것처럼 일본은 세계 선진국들에게 전자부품 등 여러 핵심 중간재를 수출하고 있다. 아이폰 같은 스마트폰과 자율주행 자동차 등의 다양한 혁신 제품도 일본의 부품이 없으면 만들 수 없다. 언론에서는 대부분 매우 자랑스러워하는 논조로 이를 보도한다.

일본의 중간재가 우수하면 우수할수록 선진국들은 일본으로부터 중간재의 수입을 늘린다. 앞서 설명한 것처럼 중간재의 현명한 수입은 생산성 향상으로 이어진다. 즉 다른 선진국들이 일본으로부터 중간재 수입을 늘리면 그 나라의 생산성을 높일 수 있는 것이다. 바꿔 말하면 중간재를 여러 선진국에 수출하는 것은 일본이 그 나라들의 생산성 향상에 크게 기여한다는 이야기다.

한편 일본은 높은 수준의 기술력을 갖고 있으면서 동시에 세계 수준에 비해 매우 낮은 생산성을 기록하고 있다. 즉 일본은 중간재를 수출함으로써 다른 선진국의 생산성 향상에 기여하지만 막상 자국의 잠재력을 생산성 향상으로 연결시키지 못하는, 참으로 안타까운 상황에 빠져 있는 것이다.

일본도 다른 선진국으로부터의 중간재 수입을 늘려야 하는지에 대해서 재고할 가치가 있을지도 모른다. 일본이 수입을 하지 않는 것이 생산성 향상을 방해하는 원인일지도 모르기 때문이다. 그렇다면 수입을 하지 않는 것이 수출이 늘지 않는 원인이라고 생각할 수도 있다.

시작은 아시아부터

수출 확대가 인구가 줄어 공급과잉이 돼버린 설비를 유용하게 활용하는 하나의 방책이 될 수 있다. 하지만 각종 분석 결과에 따르면 수출을 늘리기 전에 먼저 생산성을 높여야 수출 확대가 수월하다는 결론이 나온다.

일본은 생산성이 다른 나라에 비해 꽤 낮기 때문에 지금은 일본보다 생산성이 낮은 나라, 즉 개발도상국에 수출하는 것이 가장 현실적이다. 일본이 중국이나 다른 동남아 국가보다 생산성이 높은 분야라면 아직 중국이 개척하지 않은 시장도 개척할 수 있다.

이를 첫 단계로 하여 기초를 만들어나가면 생산성 향상이 가능할 것이다. 이처럼 우선 생산성을 높이고 나서 세계 시장에 진출하는 것이 앞으로 일본이 나아가야 할 단계가 아닐까?

이 논리대로 실적을 올리고 있는 것이 바로 일본의 관광업계다. 일본은 관광 자원 대국이기 때문에 관광업의 잠재력이 매우 크다. 과거에는 국내 수요만으로 충분하여 국내 관광객을 타깃으로 사업을 전개했다. 하지만 최근 수십 년간 젊은 세대의 감소로 관광업계는 쇠퇴 일로를 걸었다. 자연스레 새로운 투자도 감소하여 부가가치가 적고 생산성이 낮은 산업으로 전락했다.

국내 수요가 부족한 관광업의 다음 전략은 해외 관광객의 유치였다. 그 초석을 놓기 위해 거리적으로도 가까운 아시아의 나라들을 타깃으로 유치 전략을 전개했고, 그 결과 지금까지 수많은 관광객 유치에 성공했다. 수출도 이와 같은 방식으로 가까운 아시아의 개발도상국부터 진출하는 것이 현명할 것이다.

예를 들어 일본에는 비용이 저렴한 숙박 시설이 많다. 이러한 숙박시설은 중국이나 태국 등지에서 온 관광객에게는 적당한 예산에 충분히 만족스러운 서비스를 제공한다. 비록 세계적으로는 부가가치가 낮지만 중국 등의 다른 나라보다는 높기 때문에 그들에게 적당한 숙박 시설이 될 수 있는 것이다. 물론 같은 아시아 국가의 관광객이라도 어느 나라에나 부유층이 있기 때문에 그들을 모두 만족시킬 수는 없다. 따라서 아시아 국가의 서민층 관광객을 유치하는 전략이 우선적으로 필요하다. 나아가 관광산업의 생산성을 잠재력 이상으로 끌어올리기 위해서는 아시아의 부유층과 선진국의 관광객을 늘리는 전략이 최종 과제가 될 것이다.

앞서 설명한 바와 같이 수출을 통해 국내 생산성이 높아지기는 하지만 선진국과의 무역을 늘려야 그 효과가 극대화된다. 이 논리는 관광업에도 그대로 적용된다.

관광업계의 전략을 주목하라

일본의 관광 전략의 생산성을 한층 더 높이려면 아시아뿐만 아니라 관광객의 단가가 비싼 선진국 관광객을 받아들일 준비가 필수적이다. 예를 들어 미국에는 5성급 호텔이 755개나 있다(도표 3-4). 그

| 도표 3-4 | 국가별 5성급 호텔 현황

국가	5성급 호텔 수	인구 (만 명)	5성급 호텔 1개당 인구 (만 명)	외국인 관광객 수 (만 명)	5성급 호텔 1개당 외국인 관광객 수 (만 명)	관광 수입 (100만 달러)	외국인 관광객 1인당 관광 수입 (달러)
미국	755	32,412	42.9	7,751	10.3	204,523	2,638.7
이탈리아	176	5,980	34.0	5,073	28.8	39,449	777.6
중국	132	138,232	1,047.2	5,689	43.1	114,109	2,005.9
영국	129	6,511	50.5	3,444	26.7	45,464	1,320.2
프랑스	125	6,467	51.7	8,445	67.6	45,920	543.7
태국	110	6,815	62.0	2,988	27.2	44,553	1,491.0
멕시코	93	12,863	138.3	3,209	34.5	17,734	552.6
인도	84	132,680	1,579.5	803	9.6	21,013	2,617.8
스페인	84	4,606	54.8	6,822	81.2	56,526	828.6
캐나다	78	3,629	46.5	1,797	23.0	16,229	903.1
아랍에미리트	78	927	11.9	999	12.8	16,308	1,632.4
스위스	71	838	11.8	931	13.1	16,198	1,740.8
그리스	68	1,092	16.1	2,360	34.7	15,673	664.1
독일	64	8,068	126.1	3,497	54.6	36,867	1,054.2
오스트레일리아	62	2,431	39.2	744	12.0	29,413	3,951.2
인도네시아	57	26,058	457.2	1,041	18.3	10,761	1,033.9
터키	55	7,962	144.8	3,948	71.8	26,616	674.2
몰디브	36	37	1.0	123	3.4	2,567	2,080.2
남아프리카공화국	35	5,498	157.1	890	25.4	8,235	924.9
아일랜드	32	471	14.7	881	27.5	4,793	543.9
포르투갈	29	1,030	35.5	1,018	35.1	12,606	1,238.8
일본	28	12,632	451.2	2,490	88.9	30,000	1,204.6
모로코	27	3,482	129.0	1,018	37.7	6,003	589.9
싱가포르	27	570	21.1	1,205	44.6	16,743	1,389.2
뉴질랜드	26	457	17.6	277	10.7	8,910	3,214.3
베트남	26	9,444	363.2	794	30.6	7,301	919.1
오스트리아	24	857	35.7	2,672	111.3	18,303	685.0

출처: 파이브스타얼라이언스(Five Star Alliance),
UNWTO 자료(2015년)를 기초로 저자 작성(일본은 2016년 자료)

러나 일본에는 28개에 불과하다. 발리 섬 한 곳에 있는 42개보다도 적다.

비싼 요금이라도 묵고 싶은, 생산성이 높은 호텔이 일본에는 부족하다. 이는 일본 관광업계의 낮은 생산성을 상징적으로 보여주는 동시에 부유층과 선진국의 관광객이 늘어나지 않는 원인 중 하나이기도 하다.

최근에야 겨우 일본에서도 외국계 호텔 유치가 진행되고 있다. 이러한 움직임은 관광 전략을 실현하기 위해서 호텔이라는 중간재를 수입하는 셈이므로 생산성 향상으로 이어지게 된다는 해석도 가능하다.

또한 현재 여러 관광지에서 문화재의 외국어 설명과 국립공원의 재정비, 다양한 액티비티 활동 창출, 스키 리조트의 재정비, Wi-Fi 시설 설치, 화장실의 정비 등 다양한 대책이 진행 중이다. 설비투자를 통해 부가가치를 높이고, 수출을 늘리고, 생산성을 향상시키고 있는 것이다. 그 결과 방문객의 수가 늘어나고 관광객 단가가 올라간다.

일본 정부는 2020년 4,000만 명에 8조 엔, 2030년 6,000만 명에 15조 엔의 관광 수입을 목표로 하고 있다. 즉 관광객 한 사람이 쓰는 돈을 현재 약 16만 엔에서 20만 엔 그리고 25만 엔까지 늘린다는 목표를 내걸고 있는 것이다.

일본 관광업계에서는 생산성 향상을 실현하기 위해 설비투자가 활발히 이루어지고 있다. 수출에 의해 생산성이 높아지는 것이 아니라 수출을 하기 전부터 생산성을 높여야 비로소 수출이 가능하다. 지금이 바로 '수출을 하고 싶다'고 생각하고 '수출하겠다'고 결심하는 바로 그 시기인 것이다.

　제3장에서는 일본의 수출 전략과 일본 관광업계에서 활용하는 수출 전략에 대해 소개했다. 지금까지 인구 감소에 대응하기 위해 수출을 늘리는 것은 디플레이션 압력의 부분적인 완화로 이어질 뿐만 아니라 생산성 향상의 계기가 될 수도 있음을 설명했다. 그러나 선진국 가운데서도 가장 낮은 일본의 생산성을 수출에 앞서 향상시킬 필요가 있다. 그럼 어떻게 하면 좋을까? 제4장에서는 생산성 향상을 어떻게 실현할 수 있을지 살펴보겠다.

제4장

왜 기업의 규모가 중요한가

: 국가경쟁력은 대기업에서 나온다 :

패러다임 대변환 4
: 기업 규모 확대를 위한 M&A의 추진 :

•

일본의 생산성을 높이기 위해 가장 중요한 것은 기업의 평균 규모를 키우는 것이다. 지금의 기업 규모는 너무 작아 생산성에 악영향을 미치고 있다. 인구가 감소하는 가운데, 기업 규모를 확대하려면 '기업의 통합 추진'이 불가결하다.

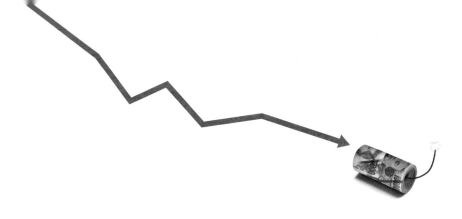

제2장에서는 인구 감소 시대를 대비하기 위해서 고차원 자본주의에 합의하는 의식의 개혁이 절실하다는 것을 설명했다. 이어서 제3장에서는 생산성 향상을 실현하기 위해 가장 먼저 수출을 늘려야 하는 이유와 수입의 이점에 대해서 설명했다.

작은 기업이 너무 많다

생산성 향상을 실현하기 위해 피할 수 없는 문제가 있다. 그것은 일본에는 규모가 작은 기업이 너무 많다는 사실이다. 이것이 일본의 낮은 생산성의 가장 큰 원인이다.

도표 4-1에서 보듯이 일본은 20인 미만 규모의 기업에서 일하는 노동자 비율이 전체 노동자의 20.5퍼센트 이상을 차지하고 있다. 30인 미만까지 포함하면 그 비율은 무려 29.9퍼센트에 이른다.

선진국의 경우 소규모 기업에 다니는 노동자의 비율과 생산성의 상관계수가 0.93으로 매우 높다. 즉 일본의 생산성이 낮은 최대의 원인

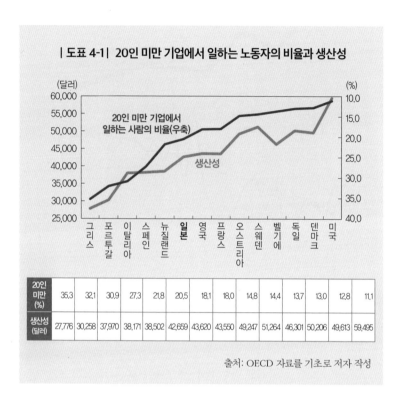

| 도표 4-1| 20인 미만 기업에서 일하는 노동자의 비율과 생산성

20인 미만 (%)	35.3	32.1	30.9	27.3	21.8	20.5	18.1	18.0	14.8	14.4	13.7	13.0	12.8	11.1
생산성 (달러)	27,776	30,258	37,970	38,171	38,502	42,659	43,620	43,550	49,247	51,264	46,301	50,206	49,613	59,495

출처: OECD 자료를 기초로 저자 작성

은 소규모 기업에 다니는 노동자가 많다는 사실이다.

인재 평가에서는 일본이 높게 평가됐지만, 생산성에 관해서는 이탈리아나 스페인보다 조금 높은 정도다. 스페인의 생산성은 세계 32위, 인재 평가는 45위다. 이탈리아는 생산성이 34위, 인재 평가가 34위다.

그렇다면 왜 일본은 인재 평가는 세계 4위인데 생산성은 28위일까? 그 원인을 찾아 헤매다 소규모 기업에서 일하는 노동자의 비율이 스페인이나 이탈리아와 별로 다르지 않다는 사실을 발견했다. 이건 대발견이다.

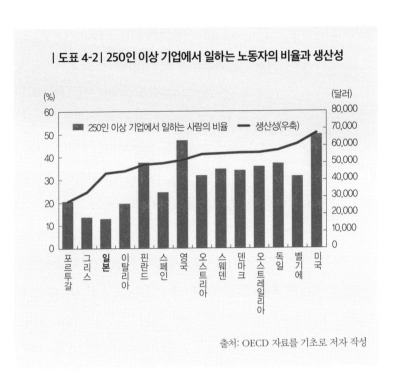

| 도표 4-2| 250인 이상 기업에서 일하는 노동자의 비율과 생산성

출처: OECD 자료를 기초로 저자 작성

반대로 미국의 인재 평가는 24위지만 생산성은 9위를 차지했다. 이 것도 기업의 규모로 설명할 수 있다. 미국은 직원 수가 250인 이상인 기업에서 일하는 노동자의 비율이 49.8퍼센트에 이르는 반면 일본은 단 12.9퍼센트에 지나지 않는다(도표 4-2). 이 또한 매우 의미 있는 발 견이다.

생산성과 여성의 활약, 연구개발, 수출, 기술 보급률, 인재 육성 훈 련 제도 등 일본이 안고 있는 다양한 문제의 근원을 궁극적으로 찾아 보면 결국 소규모 기업에서 근무하는 노동자 비율이 높다는 사실로 이어진다. 이것이 위에 언급한 문제들의 유일한 공통점이다.

이를 근거로 이 장의 전반부에서는 기업통합에 의한 규모 확대의 이점을 검증하고, 후반부에서는 인구 감소와 기업 수의 관계라는 일본 고유의 과제에 대해 설명할 것이다.

기업 규모와 생산성

세계 각국에서 이루어진 다양한 분석을 통해 기업 규모와 생산성 사이에는 높은 상관관계가 있음을 확인할 수 있다. 그뿐만 아니라 각 업계 내에서도 규모가 커질수록 생산성이 높다는 것을 확인할 수 있다.

캐나다 중앙은행(Bank of Canada)이 2008년에 발표한 〈기업의 규모와 생산성(Firm Size and Productivity)〉이라는 논문에 따르면 캐나다 기업의 규모와 생산성 사이에 높은 연관성이 확인됐다고 한다. 또 미국과 캐나다 제조업 분야 간의 생산성 차이의 48퍼센트는 기업 규모의 차이로 설명 가능하다고 보고했다. 그만큼 기업의 규모가 생산성의 차이를 설명하는 유력한 요인이라는 것이다.

이 논문에는 제조업에 대한 미국의 자료가 인용됐다. 이에 따르면 1987년 미국의 직원 수 10인 미만 기업의 1인당 생산성은 전체 평균의 62퍼센트에 불과하지만 500인 이상 기업은 평균의 126퍼센트였다고 한다. 반면 캐나다의 경우 100인 미만 기업의 1인당 생산성은 전체 평균의 62퍼센트고, 500인 이상 기업은 평균의 165퍼센트라고 보고했다.

부가가치에 관해서도 캐나다의 직원 수 100인 미만 기업은 전체 평균의 67퍼센트고, 500인 이상 기업은 평균의 147퍼센트라고 한다. 미국도 마찬가지로 각각 69퍼센트와 136퍼센트였다.

캐나다은행의 분석에 따르면 직원 수 500인 이상 기업의 1인당 매출은 20인 미만 기업의 133퍼센트였다. 여기서도 규모가 작아질수록 생산성이 저하되는 것을 확인할 수 있다.

여기에서 특히 주목하고 싶은 것은 제조업뿐만 아니라 서비스업에 대한 분석이다. 일본의 낮은 생산성의 대부분은 서비스업에 기인하기 때문이다. 일본과 미국의 생산성 격차의 97퍼센트는 서비스업의 차이로 설명할 수 있다.

결과로서의 기업 규모 확대

이어서 캐나다은행의 논문을 좀 더 살펴보도록 하자.

이 논문에 따르면 기업의 규모가 커질수록 생산성이 향상되는 걸 확인할 수 있다. 하지만 단순히 몸집이 커지는 것만이 생산성 향상의 이유는 아니다. 몇 가지 자료에 따르면 대기업의 평균 직원 수는 약간 감소하는 경향이 있다. 이는 일본, 미국, 캐나다 3개국 공통의 추세다. 대기업의 평균 직원 수가 감소하는 것은 중소기업의 규모가 커져서 그 일부가 계속해서 대기업으로 전환되고 있기 때문이다.

이 논문에서는 중소기업의 낮은 생산성의 원인으로 이들의 상당수가 생산성이 낮은 산업에 집중되어 있다는 사실에 주목하고 이를 검증했다. 하지만 농업을 제외한 전 산업에 걸쳐서 이 가설은 부정됐다. 중소기업이 생산성이 낮은 것은 생산성이 낮은 특정 산업에 중소기업이 집중된 것이 아니라 산업 분야를 막론하고 중소기업의 생산성이 낮은 것이었다.

한편 이 논문에서는 기업 규모에 따른 생산성의 차이를 물적자본의 차이 때문이라고 설명한다. 규모가 커질수록 설비투자의 여유가 생겨서 직원 한 사람 한 사람에게 할당할 수 있는 설비가 충실해진다. 단지 사람이 많고 적음에 의해서 차이가 생기는 것이 아니라 규모가 커지면서 잘 갖춰진 환경적 여건이 생산성의 차이를 만든다는 것이다.

다른 논문도 참고하여 내가 세운 가설은 다음과 같다.

'단지 기업의 규모가 크다고 생산성이 높아지는 것이 아니라 더욱 높은 생산성을 추구하려면 결과적으로 어느 정도의 규모가 필요한 것이다.'

서비스업에서의 기업 규모

캐나다은행의 논문에는 매우 흥미로운 내용이 또 있다. 부가가치에 있어서 대기업과 중소기업의 차이는 제조업보다 서비스업에서 더 크게 나타난다는 것이다. 또한 미국과 캐나다의 생산성 비교에서도 직원 수 500인 이상 기업에 생산가능인구가 집중된 것이 미국의 우위성의 핵심이라고 결론짓는다.

이 결론은 이 장의 서두에서 소개한 일본의 직원 수 20인 미만 기업에 근무하는 노동자 비율이 높다는 점이 낮은 생산성의 요인이라는 말과 일맥상통한다. 일본은 미국과 반대로 직원 수 30인 미만의 생산성이 낮은 기업에 생산가능인구가 집중되어 있어 생산성이 낮아진 것이다.

토론토대학교가 2014년에 발표한 〈잘못된 할당, 시설 규모 및 생산성(Misallocation, Establishment Size and Productivity)〉이라는 논문에서는 124개국의 자료를 모아 기업의 규모와 생산성에 대한 분석을 실시했다.

이 논문에서도 대기업에서 일하는 사람의 비율과 1인당 GDP가 매우 높은 상관관계가 있다고 한다. 인구 50만 명 이하의 나라들을 제외하면 그 상관관계는 더욱 높아진다고 보고했다. 그뿐만 아니라 국가의 정책으로 인해 기업의 규모를 확대하기 어려운 나라는 그 정책이 낮은 생산성의 원인이 된다고 설명했다.

또한 다른 여러 논문에서 기업의 직원 수가 많을수록 급여 수준이 높아진다는 공통된 특징이 확인됐다. 이유에 대해서는 명확하게 밝혀지지 않았지만 일본을 포함하여 여러 나라에서 비슷한 경향이 나타났다(도표 4-3).

일본에서는 현재 2.3명의 현역 세대가 한 명의 고령자(65세 이상)를 부양하고 있다. 이것이 2060년에는 1.3명으로 줄어들 것으로 예상된

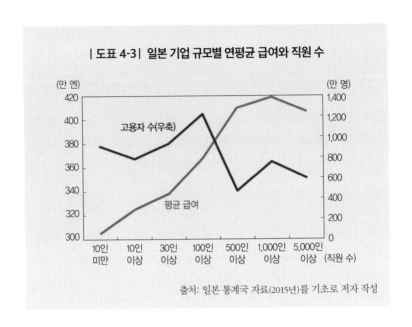

| 도표 4-3 | 일본 기업 규모별 연평균 급여와 직원 수

(만 엔) / 고용자 수(우축) / 평균 급여 / (만 명)

420, 400, 380, 360, 340, 320, 300

1,400, 1,200, 1,000, 800, 600, 400, 200, 0

10인 미만 / 10인 이상 / 30인 이상 / 100인 이상 / 500인 이상 / 1,000인 이상 / 5,000인 이상 (직원 수)

출처: 일본 통계국 자료(2015년)를 기초로 저자 작성

다. 이 예측만 보더라도 앞으로 노동자들의 급여 수준을 높여야 한다. 앞서 여러 조사에서 밝혀졌듯 급여가 기업의 규모에 따라 높아지는 경향이 있기 때문에 급여 인상에 앞서 기업의 규모를 확대하는 것이 절대적으로 필요하다.

기업 규모와 수출량

앞서 제3장에서는 내수 감소로 인한 공급과잉을 줄이기 전에 수출이 가능한지 여부를 판단할 것을 제안했다. 일본은 인구가 많은 편이고

GDP도 크기 때문에 수출 총액이 크지만 인구 1인당 수출액과 GDP 대비 수출액으로 따져보면 아직 수출 소국이다. 일본의 높은 잠재력을 감안할 때 수출을 확대할 여지가 크다.

또한 수출 비중이 높은 나라는 생산성도 높다는 수출과 생산성의 상관관계에 대해서도 설명했다. 인구 감소로 인한 공급과잉 문제를 해결하기 위해서만이 아니라 고령화에 대처하기 위해서도 생산성을 높여야 하며, 그 방법으로는 수출 확대가 큰 효과를 가져올 것이다. 따라서 정부가 수출 확대에 적극 나서야 한다.

다만 이미 소개한 해외 논문에서 보았듯이 수출을 하기 때문에 기업의 생산성이 높아지는 것은 아니다. 원래 생산성이 높은 기업일수록 수출을 많이 할 수 있는 조건이 갖춰진다. 게다가 앞서 설명했듯 기업의 규모와 생산성의 큰 상관관계를 생각하면 수출을 많이 하는 기업일수록 그 규모가 클 것이다. 다수의 논문에서도 그러한 경향을 확인할 수 있었다.

독일의 제조업체를 분석한 〈수출과 생산성 성장(Exports and Productivity Growth)〉이라는 논문에 따르면 한 회사당 직원 수가 늘어나면 늘어날수록 수출의 비중이 높아지는 경향이 있다는 것을 확인할 수 있었다.

같은 교수의 또 다른 논문인 "독일의 수출 및 생산성(Exports and Productivity in Germany)"에 따르면 수출을 하는 옛 서독 기업의 평균 직원 수는 179.36명으로 수출하지 않는 기업의 직원 수 58.05명을 크게 웃돌았다. 마찬가지로 옛 동독의 경우도 수출 기업의 직원 수가

113.9명인데 반해 수출하지 않는 기업의 직원 수는 54명으로 서독과 비슷한 경향을 보여줬다.

이들 논문에서는 기업 규모와 수출 사이의 높은 상관관계는 간접적인 것이라고 지적한다. 수출의 많고 적음과 가장 높은 관련이 있는 것은 직원의 급여 수준인데, 급여는 기업의 규모가 커질수록 높아진다는 것이다. 그렇기 때문에 기업 규모와 수출 사이에 밀접한 관련이 있다고 지적한 것이다. 앞으로 일본이 임금 인상 전략을 검토한다면 이 점을 깊이 생각해봐야 한다.

말레이시아의 기업을 분석한 〈수출 및 생산성 관계: 기업 규모가 중요한가?(The Exporting and Productivity Nexus: Does Firm Size Matter?)〉라는 보고서에서도 수출하는 기업의 생산성은 원래 수출을 시작하기 전부터 수출하지 않는 기업보다 높다는 결론을 도출했다. 더 흥미로운 것은 기업이 일정 규모 이상으로 커지면 그 상관관계가 약해진다는 것이다. 무엇보다 기업의 규모가 작으면 작을수록 수출을 위해서는 더 높은 생산성을 이끌어내야 한다는 것이 결론이다.

이 책을 쓰면서 다양한 주제의 논문을 조사했다. 영어권에서는 세부적인 주제로 매우 다양한 논문이 발표된다는 사실과 그 과학적 분석력에 감동했다. 동시에 논문이 제기하는 논의에 일본의 학자들의 참여가 부진한 것에 놀랐다. 전혀 없는 것은 아니지만 매우 적었다. 그중 일본의 학자가 쓴 〈생산성, 기업 규모, 재무 요소 및 수출 결정: 일본 중소기업의 사례(Productivity, Firm Size, Financial Factors, and Exporting Decisions: The case of Japanese SMEs)〉라는 논문을 발견했다.

　이 논문에서는 제조업의 경우, 수출하는 중소기업이 늘어나는 추세긴 하지만 아직 28.2퍼센트에 불과하며 총 수출액에서 중소기업의 점유율이 6.5퍼센트밖에 되지 않는다는 사실을 발표했다. 그리고 일본 역시 다른 나라와 마찬가지로 수출과 기업 규모 사이에 높은 상관관계가 있다고 분석했다. 특히 대기업보다 중소기업에서 규모의 차이가 수출의 많고 적음에 더 큰 영향을 미친다는 결과를 보여줬다.

여성이 활약할 수 있는 기업 규모

생산성과 여성의 활약 사이에도 큰 관계가 있는 것이 확인됐다(도표 4-4). 상관계수는 0.77이다.

　다시 말하지만 생산성이란 1인당 GDP(GDP/인구)를 말한다. 국민의 절반을 차지하는 여성은 일을 하든, 안 하든 분모로 계산된다. 반면 일하지 않는 여성이 많을수록 분자인 GDP 확대에 기여도가 줄어들기 때문에 전체 생산성이 낮아질 수밖에 없다. 반대로 여성이 일을 하면 그만큼 분자가 늘어나기 때문에 나라 전체의 생산성이 높아진다.

　일본처럼 사회보장제도가 잘 갖춰진 나라에서는 여성들이 단순히 일을 하는 것에 그쳐서는 안 된다. 여성도 남성과 비슷한 급여와 조건에서 일할 수 있어야 한다.

　이미 다른 선진국에서는 남녀 간 동일노동동일임금이 당연시되고

| 도표 4-4 | 여성의 경제참여도가 높은 나라는 생산성도 높다

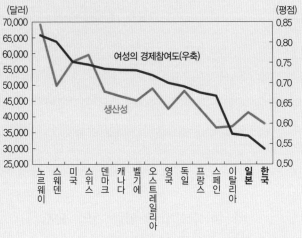

(달러) / (평점)

여성의 경제참여도(우축)

생산성

노르웨이 / 스웨덴 / 미국 / 스위스 / 덴마크 / 캐나다 / 벨기에 / 오스트레일리아 / 영국 / 독일 / 프랑스 / 스페인 / 이탈리아 / 일본 / 한국

출처: WEF(2016년), IMF 자료를 기초로 저자 작성

| 도표 4-5 | 일본과 미국의 남성 임금에 대한 여성 임금의 비율

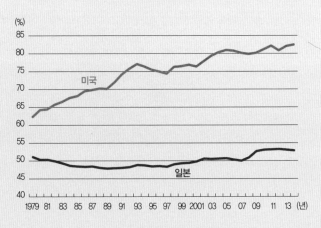

(%)

미국

일본

1979 81 83 85 87 89 91 93 95 97 99 2001 03 05 07 09 11 13 (년)

출처: 미국 경제 통계국, 일본 국세청 자료를 기초로 저자 작성

있고, 나아가 여성의 동일노동비율, 즉 생산성이 높은 일을 하는 비율이 높아지고 있다. 그 결과 미국에서는 해마다 여성의 소득이 남성의 소득에 점점 더 가까워지고 있다(도표 4-5).

반면 일본에서는 동일노동동일임금 이전에 동일노동 자체가 진행되지 않기 때문에 남녀 간의 소득에 큰 차이가 존재한다. 이 상태는 꽤 오랫동안 개선되지 않고 있다.

이 설명만으로도 생산성과 여성 활약의 관계에 대해 충분히 이해했으리라 생각한다. 그런데 기업의 규모 확대가 생산성 향상에 필수적이라는 설명을 하다 왜 갑자기 여성의 활약과 생산성으로 화제를 돌렸는지 궁금한 이들도 있을 것이다. 사실 여성의 활약과 기업의 규모에도 높은 상관관계가 있다.

규모가 작은 기업은 출산휴가와 육아휴직 등 직원들의 유연한 근무 방식에 대응하기 어려운 것이 사실이다. 작은 기업에서는 하나의 업무를 혼자서 담당하는 경우가 많기 때문에 이를 대신해줄 직원이 없는 경우도 적지 않다.

예를 들어 여성 직원이 인사 업무를 혼자 맡아서 하는 경우를 생각해보자. 담당자가 출산휴가와 육아휴직을 내면 인사 업무에 대해 아는 사람이 그 회사에는 일정기간 없어진다. 누군가에게 인수인계를 했다고 하더라도 대신 업무를 맡은 사람이 업무적인 의문이 생기거나 잘 알지 못해 업무를 진행하지 못할 때 이를 해결해줄 수 있는 사람이 그 회사에는 존재하지 않게 된다. 애초에 그 업무를 한 사람이 아닌 두세 사람의 노동력이 맡아서 한다면 이런 문제는 일어나지 않는다.

규모가 큰 기업이 많아지면 유연한 근무 방식에 대응하기 쉬워진다. 그 결과 여성이 활약할 수 있는 장이 늘어나 생산성 향상으로 이어지게 된다.

외국의 경우 공무원의 여성 비율이 높은 편이다. 국가가 최대 고용주로 있어 근로 여건이 가장 유연하기 때문이다. 일본에서도 정부가 캠페인으로 여성의 활약을 내걸고 있지만, 국가 공무원의 여성 비율은 타국에 비해 매우 낮은 수준이다. 언행불일치라고 비판을 받는 것도 당연하다.

영국 공무원의 여성 비율은 54퍼센트로, 고위관리의 경우 39퍼센트다(2017년). 미국 공무원의 여성 비율은 43.3퍼센트다(2016년). 한편 일본 내각부의 2011년 자료에 따르면 일본 공무원의 여성 비율은 전체의 18퍼센트로, 고위관리의 경우 단 3퍼센트에 불과하다. 기업에 여성 직원의 비율을 늘리라고 요구해도 설득력이 없을 수밖에 없다. 정부가 많은 여성을 고용한다고 해도 그것만으로는 충분하지 않다. 이와 동시에 기업의 규모 확대 정책을 추진하지 않으면 여성이 활약할 수 있는 환경으로 개선되지 않을 것이다.

기업 규모와 연구개발

기업 규모와 연구개발 사이에도 높은 상관관계가 확인된다. 이 점에 대해서는 특별히 놀라울 것이 없다. 기업이 커지면 규모의 경제가 확대되고 여유가 생긴다. 또한 타사와 경쟁하는 데 있어서 우위를 차지하기 위해 연구개발에 더 많은 돈을 쓰게 되는 것이 순리다. 동시에 규모가 큰 기업이 인재가 풍부하기 때문에 전문 연구개발 부문을 설치하기 쉬워진다.

〈기업 규모와 R&D 생산성의 관계(Relation of Firm Size to R&D Productivity)〉라는 논문은 기업 규모와 연구개발 사이에 매우 밀접한 관계가 있음을 보여준다. 〈모든 대기업의 혁신: 기업 규모와 혁신 간 논란의 조정(All Hail Large Firm Innovation: Reconciling the Firm Size and Innovation Debate)〉이라는 논문에서도 마찬가지로 기업 규모와 연구개발 사이의 높은 상관관계를 확인하고, 직원 수가 10퍼센트 늘어날 때마다 연구개발비가 7.5퍼센트 늘어난다는 흥미로운 결과도 소개한다.

여러 강연에서 '일본은 연구개발 대국, 기술 대국이기 때문에 인구 감소는 별로 문제가 안 된다'는 이야기를 듣곤 한다. 또한 일본 정부도 인구 감소 대책으로서 기술혁신에 큰 기대를 거는 듯하다. 그러나 이러한 생각에는 두 가지 문제가 있다. 사실 일본은 잠재력에 비해 결코 연구개발 대국이 아니다. 그 이유를 살펴보자.

연구개발비를 GDP 대비로 보면 안 된다

우선, 일본의 연구개발의 우위성을 주장하는 사람이 자주 사용하는 자료는 GDP 대비 연구개발비 비율이다. 그 비율은 세계 3위다. 반면 미국은 10위로 낮은 순위다. 이 자료를 바탕으로 일본의 우위성을 설명하는 사람은 다음과 같이 주장한다.

"미국은 이익 지상주의이기 때문에 미래를 내다보는 연구개발에 투자하지 않는다. 일본의 이익 수준이 낮은 것은 미래를 위해 열심히 연구하고 있기 때문이다."

언론도 비슷한 논조를 펴는 경우가 많다. 하지만 이 주장에는 큰 맹점이 있다. 근거로 제시하는 것이 'GDP 대비 연구개발비'이기 때문이다.

비율이 높다는 것은 분자가 크거나 분모가 작거나 둘 중 하나다. 다시 말하지만, 일본의 생산성은 세계 수준에 비하면 상당히 낮은 편이다. 생산성이 낮다는 것은 인구에 비해 GDP가 적다는 것을 의미한다. 일본의 경우 이상하리만치 적다. GDP라는 분모가 비정상적으로 작기 때문에 일본의 연구개발비가 GDP에서 차지하는 비율이 높아지는 것은 어쩌면 당연한 것이다. 연구개발비를 GDP로 나누어 미국보다 그 비율이 높다고 운운하는 것은 지극히 단편적인 논리다.

실제로 일본이 우위에 있는지를 확인하기 위해서는 1인당 연구개발비로 계산해야 한다. 그 경우 일본의 1인당 연구개발비는 10위, 미국은 2위가 된다. 일본의 GDP 대비 연구개발비 비율이 높은 것은 연구개발비가 특별히 많기 때문이 아니라 1인당 생산성이 낮은 데 그 이유가 있다. 10위라는 순위가 결코 나쁜 것은 아니지만 GDP 대비 비율로 보았을 때처럼 강한 우위를 보여주는 것은 아니다.

특수한 성공 사례를 일반화해서는 안 된다

연구개발로 얻어진 결과를 얼마나 유효하게 활용하는지, 즉 보급률을 살펴봐야 한다. 앞서 언급한 GDP 대비 연구개발비 비율의 이야기를 다른 각도에서 보면 미국은 고액의 비용을 들인 연구개발의 결과가 거의 전부 경제성장으로 이어져 GDP를 크게 늘리고 있다는 이야기가 된다. 그래서 GDP 대비 연구개발비 비율이 낮게 보이는 것이다.

반면 일본은 연구개발에 투자하는 비용에 비해 GDP가 크게 확대되지 않는다. 일부 기업이 연구개발에 공을 들여 훌륭한 성과나 실적을 낸다고 해서 경제 전체의 생산성이 개선되지는 않는다는 말이다.

내가 외국인이기 때문에 평소 자주 느끼는 것이지만, 일본인은 1등이 되는 것을 이상하리만치 좋아하고 그 실적을 일본 전체로 일반화하는 경향이 있다. 도요타자동차가 대단한 것을 마치 모든 일본 기업의 기술이 대단하다고 생각하거나, 특정 장인의 기술이 대단한 것을 마치 일본인은 손재주가 뛰어난 민족이라고 안이하게 믿는 식이다. 이와 비슷한 사례는 일일이 셀 수 없을 정도로 많다. 바람직한 모습을 마음에 그리는 것은 좋지만 특수한 사례를 쉽게 일반화하는 경향이 강한 것 같다.

그뿐만 아니라 문화재의 세계유산 등록과 특허 수 세계 1위, 일본의 인재나 기술의 세계적 권위의 상 수상 등 이른바 '보증서'를 받는 것도 굉장히 좋아한다. 분명 일본은 특허 수로는 단연 세계 1위지만, 생산성은 세계 28위다. 이것만 봐도 알 수 있듯 아무리 연구를 열심히 해도 그 기술을 널리 보급하고 살려내지 못하면 성과나 실적으로 이어지지 않는다.

일본에 훌륭한 연구자가 많이 있다는 것은 의심할 여지가 없다. 그러나 그들이 개발한 기술이 보급되어 널리 쓰이지 않으면 경제적 합리성이 있다고 할 수 없다. 일본 기업의 규모가 작은 것이 여기에도 악영향을 미친다. 1인당 연구개발비가 세계 10위에 그치는 원인 중 하나는 기업의 규모가 작기 때문이다. 마찬가지로 미국이 1인당 연구개발비를 충분히 확보할 수 있는 가장 큰 이유는 규모가 큰 기업이 많기 때문이다.

기업이 커질수록 기술혁신도 커진다

일본의 경우 소규모 기업이 많다는 사실이 신기술이나 혁신적인 성과가 널리 보급되지 않는 원인이 되기도 한다. 기업의 규모가 작을수록 신기술의 보급률이 떨어지기 때문이다. 즉 신기술의 이익을 공유하는 사람의 수가 적기 때문에 생산성이 떨어지는 것이다. 미국의 생산성이 세계 9위에 오른 것은 500인 이상 기업에서 일하는 사람의 비율이 높기 때문이다. 새로운 기술을 활용하여 생산성을 향상시키고 더불어 소득이 늘어나는 노동자의 비중이 높은 것이다.

일본 경제는 인구가 줄어들어도 기술혁신을 통해 충분히 대응할 수 있다고 생각하는 사람들이 많다. 이는 너무나도 갈라파고스적 생각이다. 현실과 동떨어진 이야기라는 말이다.

WEF의 자료를 이용하여 생산성과 특허 건수 간의 상관관계를 살펴보면 별로 상관이 없는 것으로 나타난다(상관계수는 마이너스 0.01). 물론 기술혁신을 위한 연구개발이 없으면 생산성을 높이기 어렵다. 그러나 기술혁신만으로는 충분하지 않다는 것을 알 수 있다.

중소기업 성공 신화 판타지

이 장에서 특히 중요한 것은 '생산성 향상을 위해서 기업의 규모를 키우는 것이 무엇보다도 우선시되어야 한다'는 사실이다. 일본에서는 인구 감소가 진행되므로 그에 따라 자연스럽게 기업통합이 필요하다. 이를 위해서는 지금까지의 산업정책을 바꿀 필요가 있다. 다만, 기업통합을 추진하여 규모를 확대하는 과정에서 사람들이 감정적으로 받아들이기 어려운 일도 생길 것이다.

내가 보기에 일본은 중소기업을 동경하는 경향이 있다. 변두리의 마을 공장이나 독불장군식의 장인 또는 노포 기업 등 중소 영세기업이 최선을 다해 돈과 힘을 앞세운 대기업의 횡포에 대항하는 내용의 소설이나 드라마가 히트를 치는 것만 봐도 알 수 있다. 이러한 예는 일본인의 '중소기업 편애'의 표현처럼 느껴진다.

일본인이 중소기업을 좋아하는 데에는 역사적 배경이 있다고 생각한다. 예를 들어 전후의 고도성장기처럼 일본 경제가 비약적으로 성장했던 시기에 중소기업이 크게 활약하여 일본 성장을 지지하는 뼈

대의 일부가 됐다는 사실도 그 하나일 것이다(도표 4-6).

이미 설명한 것처럼 인과관계를 제대로 검증하지 않아도 성장할 수 있었던 시기의 특징에서 그 나라의 저력이나 성장의 비결을 찾으려는 경향은 어느 나라에나 있다. 경제가 가장 성장하던 시기에 중소기업이 큰 폭으로 증가했기 때문에 중소기업이 일본 경제 발전에 크게 기여했고, 일본 경제의 저력이 마을 공장에 있다는 이야기를 여전히 자주 한다. 그리고 그렇게 생각하고 싶은 마음도 충분히 이해한다.

확실히 고도성장기에 노동자가 비정상적인 속도로 증가했기 때문에 그들의 일자리를 확보하는 것이 국가적 과업이었을 것이다. 그 문제를 해결하기 위해서는 정부로서도 기업의 수를 늘리는 정책이 불가피했다. 그리고 그 흐름을 지금까지 유지하며 기업의 수가 가능한 한 줄어들지 않도록 정책적 지원을 반복해온 것이다.

하지만 고도성장기의 기업 수 증가가 주효한 성장 동력이었을까, 아니면 그저 우연한 현상이었을까? 어쩌면 인구 증가에 비례해서 경제가 성장하고 있었기 때문에 기업의 수가 큰 폭으로 늘어나든 늘어나지 않든 실제로는 큰 관계가 없었을 수도 있다.

어쨌든 지금은 인구 증가라는 경제의 기초 조건이 완전히 달라졌다. 그렇기 때문에 이제라도 중소기업 수의 문제를 과학적으로 검증해볼 필요가 있다. 결론부터 말하자면 기업의 수가 증가하는 것이 좋다는 인구 증가 시대의 상식은 인구 감소 시대에는 오히려 경제성장의 발목을 잡는 원인이 될 수 있다. 앞으로 다가올 본격적인 인구 감소 시대를 맞아 중소기업 정책을 근본적으로 재검토해야 할 패러다

임 대변환의 골든타임이 다가오고 있다. 기업의 숫자보다는 체질의 강
화가 중요한 것이다.

기업의 수가 감소하면 실업자가 늘어날까

생산성 향상을 위해서는 기업의 규모를 키우는 것이 중요하다. 인구가
많은 나라는 생산가능인구의 증가율보다 기업의 증가율을 낮추면 별
다른 어려움 없이 이를 실행할 수 있다. 그러나 인구가 감소하는 나라
에서 기업의 규모를 키우면 필연적으로 기업의 수가 줄어들게 된다.

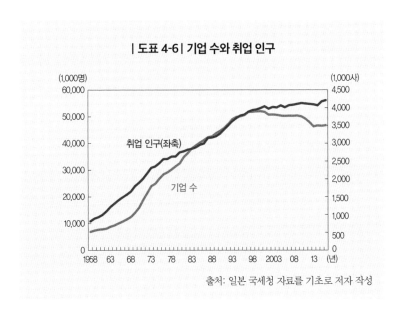

| 도표 4-6 | 기업 수와 취업 인구

출처: 일본 국세청 자료를 기초로 저자 작성

사회보장제도를 유지하려면 생산성 향상이 필수다. 그러기 위해서는 기업의 규모를 확대할 필요가 있다. 인구가 줄어드는 가운데 기업의 규모를 키운다면 결과적으로 기업의 수가 줄어드는 것이다. 이는 필연적인 결과다.

여기에는 반드시 강한 반론이 일어날 것이다. '기업의 수를 줄이면 일자리가 줄고 실업자가 늘어난다'고 말이다. 이는 고용과 기업 수의 상관관계를 오해한 발언이다. 인구가 줄어들기 때문에 노동력 부족이 점점 심각해질 것이라는 사실을 완전히 무시한 시각이다.

이런 감정적인 반응은 잠시 제쳐두고 인구가 줄어들면 기업의 수도 줄어드는 이유를 설명하고자 한다. 사실 단순한 이야기다. 학생 수가 늘어나던 시기에 많이 지었던 학교를 학생 수가 줄어들자 필요 없게 되어 전국적으로 통폐합한 것과 같은 이치다.

이와 같은 일이 산업계에서도 일어날 수밖에 없는 것이다. 물론 모든 업계가 다 그렇다고는 할 수 없지만 인구수에 비례해 수요가 영향을 받는 대부분의 업계에서는 다소의 통폐합은 피할 수 없는 현실이다.

이미 일본 기업 중에서도 대기업은 상당한 수준으로 통폐합이 진행되고 있다. 예를 들면 대규모 은행의 출현이 그것이다. 1990년 당시 애널리스트로 일하던 내가 은행 업계를 담당했을 때 주요 은행이 21개나 있었다. 그것이 점차 통합되어 지금은 3개의 메가 뱅크와 몇 개의 작은 은행만 있을 뿐이다.

메가 뱅크 중에서도 최대인 미츠비시UFJ파이낸셜그룹은 미츠비시

은행, 도쿄은행, 산와은행, 도카이은행, 미츠비시신탁, 도에이신탁, 니혼신탁 등이 합병해서 생긴 은행 그룹이다. 1990년에 존재했던 21개 주요 은행의 3분의 1에 해당하는 7개 은행이 하나의 그룹으로 통합된 것이다.

그뿐만 아니라 석유업계에서도 통합이 진행되고 있다. 석유 연맹에 따르면 지금 사업을 영위하는 5개 회사는 원래 있던 17개 기업이 통합한 결과라고 한다. 5개 회사는 대기업 3사와 규모가 비교적 작은 2개사로 구성되어 있는데, 규모가 작은 2개사는 다른 회사와 통합한 적이 없는 반면 대기업 3사는 총 15개의 기업이 통합한 기업이다. 기업의 수가 5분의 1로 줄어든 셈이다.

자원에너지청의 보고서에 따르면 석유업계에서 이처럼 통폐합이 진행된 이유를 규제 완화의 영향뿐만 아니라 탈석유로의 전환과 저출생·고령화 및 인구 감소, 이산화탄소 배출량 삭감과 에너지 소비 효율 향상으로 꼽고 있다. 역시 인구 감소가 통합의 주요한 원인의 하나인 것이다.

대기업에서 일어나는 통합의 움직임은 앞으로 중소기업에도 퍼져나갈 것이다. 대기업의 통합만으로 생산성을 요구하는 수준까지 끌어올리는 것은 물리적으로 불가능하기 때문이다.

| 도표 4-7 | 1975~95년 기업 수의 증감: 생산성이 낮은 기업이 늘었다

기업 규모	1975년	1995년	증감 수
10인 미만	1,629,427	3,130,983	1,501,556
10인 이상	395,030	522,290	127,260
30인 이상	124,464	173,053	48,589
100인 이상	34,912	53,990	19,078
500인 이상	2,888	4,987	2,099
1,000인 이상	1,663	2,669	1,006
5,000인 이상	154	361	207
합계	2,188,538	3,888,333	1,699,795

출처: 일본 국세청 자료를 기초로 저자 작성

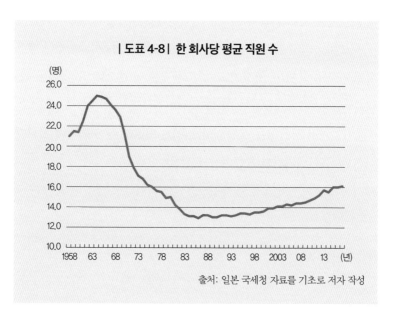

| 도표 4-8 | 한 회사당 평균 직원 수

출처: 일본 국세청 자료를 기초로 저자 작성

노동력 부족 시대의 작은 기업

인구가 줄고 수요가 줄어드는 이상 기업의 규모를 키우기 위해서는 기업의 수가 줄어야 한다는 것을 알았다. 이와 더불어 기업의 수가 줄지 않으면 안 되는 이유가 하나 더 있다. 바로 노동력이 부족하기 때문이다.

전후 일본의 기업 수는 인구증가율 이상으로 증가했다. 특히 1975년부터 1995년의 20년 동안 기업 수는 약 170만 개나 증가했다. 그중 약 150만 개가 직원 수 10인 미만의 영세기업이었다(도표 4-7). 한 회사당 직원 수의 평균은 1964년 25명을 정점으로 1986년 12.9명으로 크게 줄었다(도표 4-8).

'일본 경제의 저력은 중소기업에 있으며, 일본 자본주의의 특징이다'라는 생각은 1964년 이후에 생긴 경제 신화 중 하나임에 분명하다. 그러나 이 신화가 바로 지금의 저생산성·저소득·저출률의 원인 가운데 하나가 됐다.

한편 거품경제 붕괴 이후에는 한 회사당 평균 직원 수가 조금씩 증가하여 2017년에는 16.1명까지 회복했다. 왜 평균 직원 수가 상승세로 돌아섰을까? 자료를 분석해보면 규모가 작은 기업에서 규모가 큰 기업으로 생산가능인구가 이동하고 있음을 알 수 있다. 기업의 규모가 작을수록 직원 감소율이 높고, 기업의 규모가 클수록 직원 증가율이 높다. 경제에서의 자동 조정 기능이 작용한 것이다(도표 4-9).

일본뿐만 아니라 세계 어느 나라나 일반적으로 기업의 규모가 작을수록 급여 수준이 낮은 경향이 있다. 그렇기 때문에 일본처럼 인구가 줄고 생산가능인구가 줄면 먼저 작은 기업부터 직원 수가 줄어드는 것이다. 결코 대기업과 중소기업이 같은 비율로 줄어들지 않는다. 노동력이 부족할수록 노동자는 높은 급여를 기대할 수 있는 기업을 선택하기 때문에 덩치가 큰 기업으로 인적자원이 몰리게 된다. 이는 지극히 당연한 일이다.

조금 극단적인 분석 방법이지만, 각 사의 직원 수를 고정하고 2060년의 생산가능인구를 규모가 큰 기업부터 순서대로 배분할 경우 현재 존재하는 중소기업 중 사라질 수밖에 없는 기업의 수를 계산해보자. 현재 15세에서 64세의 생산가능인구는 7,682만 명이다. 2060년에는 생산가능인구가 4,418만 명으로 줄어들 것으로 예상된다. 4,418만 명의 생산가능인구를 대기업부터 순서대로 할당하면 직원 수 10인 이상 30인 미만인 회사의 56.5퍼센트만 살아남을 수 있다. 즉 10인 이상 30인 미만 규모 기업의 43.5퍼센트와 모든 10인 미만의 기업에는 직원을 단 한 명도 할당할 수 없다는 이야기다.

그럼 직원을 확보할 수 없는 기업은 몇 개가 될까? 지금 존재하는 352만 개 기업 중 무려 299만 개다(이 계산은 15세에서 64세의 생산가능인구 전원을 배당한 결과다. 물론 모두가 직장에 취직하는 것은 아니기 때문에 실제로 직원을 확보할 수 없는 기업의 수는 더욱 더 늘어난다). 실제 이렇게까지 크게 줄어들지 않는다고 하더라도 대폭적인 감소는 피할 수 없다.

극단적인 결과라고 생각할지도 모르지만 이 분석은 리쿠르트사가 2018년 4월 26일에 내놓은 대졸(대학원졸 포함) 구인배율(직업을 구하

| 도표 4-9 | 기업 규모별 직원 수 증감률(1995~2015년)

기업 규모	증감률(%)
10인 미만	−16.1
10인 이상	−7.0
30인 이상	5.4
100인 이상	15.1
500인 이상	29.9
1,000인 이상	30.2
5,000인 이상	59.2

출처: 일본 국세청 자료를 기초로 저자 작성

| 도표 4-10 | 대졸 직원 구인 상황의 추이

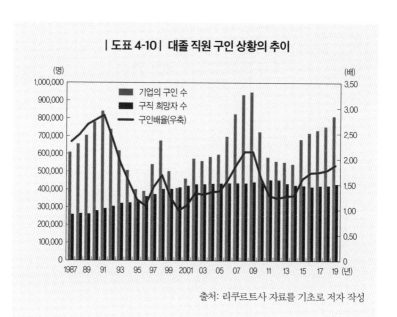

출처: 리쿠르트사 자료를 기초로 저자 작성

| 도표 4-11 | 기업 규모별 대졸 구인 상황

졸업 년	2013	2014	2015	2016	2017	2018	2019	증감
300인 미만 기업의 구인 수(명)	266,300	262,500	379,200	402,200	409,500	425,600	462,900	196,600
구직 희망자 수(명)	81,400	80,600	83,900	112,100	98,500	66,000	46,700	−34,700
구인배율	3.27	3.26	4.52	3.59	4.16	6.45	9.91	6.64
300~999인 기업의 구인 수(명)	131,100	126,900	142,000	145,100	147,200	146,200	156,200	25,100
구직 희망자 수(명)	140,300	123,600	119,200	118,100	125,300	100,700	109,100	−31,200
구인배율	0.93	1.03	1.19	1.23	1.17	1.45	1.43	0.50
1000~4,999인 기업의 구인 수(명)	110,300	110,500	115,500	123,300	128,200	134,400	143,000	32,700
구직 희망자 수(명)	135,600	140,300	137,100	116,700	114,700	132,300	137,600	2,000
구인배율	0.81	0.79	0.84	1.06	1.12	1.02	1.04	0.23
5,000인 이상 기업의 구인 수(명)	46,100	43,600	45,800	48,700	49,400	48,900	51,400	5,300
구직 희망자 수(명)	77,200	81,200	83,000	69,800	83,400	124,200	138,800	61,600
구인배율	0.60	0.54	0.55	0.70	0.59	0.39	0.37	−0.23
전체 기업의 구인 수(명)	553,800	543,500	682,500	719,300	734,300	755,100	813,500	259,700
구직 희망자 수(명)	434,500	425,700	423,200	416,700	421,900	423,200	432,200	−2,300
구인배율	1.27	1.28	1.61	1.73	1.74	1.78	1.88	0.61

출처: 리쿠르트

는 사람에 대하여 기업에서 사람을 구하는 정도를 나타내는 지표. 기업에서 사람을 구하는 수를 직업을 구하는 사람의 수로 나눈 값) 조사와 상당히 일치한다.

2019년 졸업 예정인 대졸 구인배율은 1.88배다(도표 4-10). 상당히 높은 수준인데, 그 내용을 들여다보면 역시 규모가 작은 기업이 훨씬 어려운 상황임을 알 수 있다. 직원 수 5,000인 이상 기업은 0.37배인 반면, 1,000인에서 4,999인 규모의 기업은 1.04배, 300인에서 999인 규모의 기업은 1.43배였다(도표 4-11).

대졸 구인배율이 오르는 이유는 직원 수가 300인 미만의 기업 때문이다. 이들 기업의 구인배율은 9.91배로, 약 10개 기업 가운데 한 회사만 대졸 신입사원을 구할 수 있다는 계산이 나온다.

경제의 자동 조정 기능은 노동시장에도 작동하기 때문에 기업의 규모가 작아질수록 사람이 모이지 않게 된다. 정부는 전체 구인배율만을 내세워 고용 사정이 개선됐음을 보여주고 싶어 한다. 하지만 현실은 급여 수준이 낮은 기업에서 일하고 싶은 사람, 일해야 하는 사람이 줄고 있다. 정부는 중소기업의 존폐 위기가 임박했음을 회피하고 있을 뿐이다.

결국 규모가 작은 기업들의 생산성을 높여서 급여 수준을 높이지 않는다면 앞으로 더욱 직원을 구하기 어려워질 것이다. 유효 구인배율이 이를 여실히 드러낸다. 구인배율이 높아지는 것은 기뻐해야 할 사인이 아니라 정책을 바꾸라는 경고의 시그널이다.

정부가 중소기업의 수를 유지하고자 기업에 지원책을 제공할수록 오히려 직원들이 희생자가 될 뿐이다. 하지만 정부가 여기에 손을 떼고 시장의 자동 조정 기능에 맡기면 기업의 수는 자연히 줄어들 것이다. 국가가 지금까지의 방식으로 건전화 과정을 방해해서는 안 된다.

지금 많은 기업 총수들이 후계자 부족으로 고민하고 있다. 여러 자료에 따르면 3개 기업 중 1개사가 후계자 부족에 시달리고 있다고 한다. 하지만 그 기업의 지속성과 수익성에 매력이 있다면 후계자가 나타나지 않을 이유가 없다. 후계자가 나타나지 않는 것은 회사의 전망이 밝지 않기 때문이다. 그렇다면 무리를 해서 후계자를 찾기보다는 회사를 사서 통합해줄 수 있는 기업을 찾는 것이 낫다. 그야말로 일석이조다.

기업통합이 가져올 효과

기업의 규모가 커지면 기업의 안정성과 지속성이 높아지고 생산성도 추구할 수 있게 된다. 존속하기 어려운 중소기업이 통합해 덩치를 키우면 생산성이 높아지고 지속성도 높아지고 급여도 늘릴 수 있다. 나는 문화재를 보수하는 '고니시 미술공예사'라는 회사의 사장을 맡고 있는데, 이 사실은 이 업계에서도 통한다. 문화재 업계는 작은 기업이 대부분인데, 청부업체가 중소기업의 하청업체들을 지나치게 경쟁시킨다. 이러한 관계를 하청업체의 몸집 불리기를 통해 시정하면 하청업체 직원들의 급여 인상으로 이어질 수 있다.

요즘처럼 노동력이 부족할 때 기업의 통합이 직원의 인원 감축으로 이어지기는 어렵다. 오히려 두 개의 중소기업이 하나가 되면 직원들의 노동 환경이 개선될 여지가 더 많을 것이다. 통합으로 인해 줄어드는 것은 사장 자리뿐이다. 중소기업을 지키겠다는 것은 직원의 일자리가 아닌 사장의 자리를 지키겠다는 이야기다.

왜 사장들만 행복을 추구하려는 걸까? 존속이 어려운 회사를 억지로 존속시키기 위해 왜 국민과 국가가 계속 부담을 져야 할까? 이보다 더 바보 같은 이야기는 없다.

생산가능인구가 반으로 줄어드는데 기업 수를 유지한다면 인구에서 차지하는 사장의 비율은 지금의 두 배가 된다. 세계적으로 이 비율이 줄어드는데 일본만 올라간다는 것은 현실적이지도, 바람직하지도 않다. 과연 그런 여유를 누가 어떻게 부담할 것인가?

정부가 추진해야 할 정책

그럼 국가는 어떤 정책을 강구해야 할까? 정답은 기업통합촉진정책이다. 일본 정부는 중소기업의 수가 줄어드는 것을 꺼리는 경향이 있다. '중소기업 수가 줄어들면 고용에 악영향을 미친다', '중소기업이 파산해 수가 줄어들면 기술이 없어진다' 등 우려의 목소리를 자주 듣는다.

여기에는 몇 가지 간과해서는 안 되는 것이 있다.

우선, 일본은 앞으로 인구가 줄어들기 때문에 기업의 수가 줄어들어도 고용에 미치는 영향은 크지 않다. 고용에 악영향을 미칠 것이라는 걱정은 인구가 증가하던 시대의 잔상일 뿐이다. 인구가 줄어드는 일본에서 라스트 맨 스탠딩 이익을 얻기 위해 기업끼리 경쟁하면 결국 중소기업의 감소가 파산이라는 형태로 실현될 가능성이 높다. 하지만 가능한 한 기업의 파산은 피해야 한다. 노동자가 직장을 잃고 새로운 일을 찾아 나서는 과정은 개인뿐만 아니라 국가에도 부담이 된다. 그뿐만 아니라 파산은 기업 고유의 기술을 잃게 만들 수도 있다. 파산은 파괴적인 현상이기 때문에 가능한 한 피하는 것이 좋다.

　그렇다면 어떤 방법으로 기업의 수를 줄일 수 있을까?

　통합이다. 대기업들 사이에서는 기업통합이 이미 상당히 활발하다는 것을 설명했다. 정부는 기업통합을 더욱 촉진할 필요가 있다. 국가가 생산성 향상을 국책으로 선언하고 기업통합 촉진을 위한 정책을 실행함으로써 명확한 방향성을 제시함과 동시에 민간에 추가적인 혜택을 줄 수 있다. 인간은 타당한 말을 들었다고 해서 곧바로 움직이지 않는다. 동력을 만들어줘야 한다.

　일본 경제는 규모가 크기 때문에 지금의 낮은 생산성을 극적으로 향상시키는 것이 그리 간단하지만은 않다. 하지만 지금 국민들이 누리는 사회보장제도를 유지하기 위해서는 생산성 향상이 불가피하다. 온 국민에게 철저하게 그 점을 인식시키고 거국적으로 대처해야 한다. 이를 위한 비결은 제5장에서 제시하고자 한다.

제5장

얼마나 최저임금을 올려야 하나

: 정당한 평가가 사람을 움직인다 :

패러다임 대변환 5
: 최저임금 인상으로
생산성을 높이다 :

•

세계 경제의 성장은 더욱 더 생산성 향상에 의존하고 있다.
그렇다면 최저임금을 지속적으로 인상함으로써 생산성을 끌
어올리는 것이 가능할까? 지금 전 세계에서 이에 대한 실험
이 진행되고 있다.

많은 선진국들은 향후 인구증가율이 낮아지는 국면으로 들어간다. 세계 경제의 대부분은 선진국 경제로 이루어졌기 때문에 세계적으로도 인구 증가로 인한 경제성장 요인이 감소하는 것이다. 그만큼 경제성장에 있어서 생산성 향상 요인이 담당하는 역할이 커지고 있다.

그런 가운데서도 일본은 급격한 규모로 인구가 감소한다. 그만큼 생산성을 향상시키지 않으면 일본 경제는 맹렬한 규모와 기세로 축소될 것이다. 특히 일본은 세계에서 생산성 향상을 통한 경제성장이 가장 필요한 나라다.

선진국의 경우 출생률이 늘어나면 경제가 거의 자동으로 성장하게 된다. 또한 인구 증가에 의해서 경제가 성장하면 생산성이 오르기 쉽다는 것도 알고 있다.

새로운 수요자에 의한 수요의 증가는 경제 전체에 영향을 미치기 때문에 거의 모든 기업이 그 혜택을 직간접적으로 받는다. 즉 수요 증가 효과는 '보급률'이 높다. 인구가 증가하는 경제는 말하자면 '자연적으로 성장하는 경제 모델'이다.

그러나 인구 증가에 의한 성장 요인과 달리 생산성은 자동적으로 향상되는 것이 아니다. 생산성은 의도적으로 누가 끌어올려야 하는 것이다. 자연스럽게 성장하는 경제로부터 '인위적으로 성장시키는 경제 모델'로의 대변환이 요구된다.

이미 인구증가율이 둔화된 유럽의 선진국에서는 생산성을 향상시키기 위한 정책을 찾고 있다. 국가나 지방자치정부가 정책을 실행하는 데 있어서 가장 어려운 점은 그 정책을 널리 보급시키는 것이다. 그리고 무엇보다 국민이나 기업이 정책을 찬성하는지 여부와는 상관없이 경제 전체의 생산성을 골고루 향상시킬 수 있는지가 중요하다. 이 장에서는 그러한 정책을 소개할 것이다.

누구도 말하지 않는 생산성 향상의 이유

일본생산성본부의 홈페이지에는 생산성 향상을 위해 실행해야 할 사항이 기재되어 있다. 홈페이지에서는 생산성 향상의 목적이 '고용의 유지와 확대'라고 한다. 또한 '생산성 향상을 위한 구체적인 방법에 대해서는 기업들의 실정에 맞게 노사가 협력하고 이를 연구하고 협의한다'고 제2원칙을 내걸었으며, 제3원칙으로는 생산성 향상의 '제 성과를 공정하게 분배한다'고 되어 있다. 그러나 누가 왜 생산성을 향상시켜야 하는지 동기부여에 관해서는 언급되어 있지 않다.

생산성본부뿐만 아니라 해외 학회에서도 마찬가지다. 생산성 향상의 방법론이나 성공 사례에 관한 논문은 다양하게 존재하지만 애초에 생산성을 향상시켜야 하는 이유에 대해 언급한 연구는 보이지 않는다.

맥킨지는 2014년에 〈미래의 성장에 대한 생산성 관점(A productivity perspective on the future of growth)〉이라는 보고서를 발표했다. 이에 따르면 기원후부터 오늘에 이르기까지 경제성장 요인의 47퍼센트가 인구 증가였지만 앞으로는 이에 따른 경제성장을 기대할 수 없기 때문에 경제성장을 위해 생산성 향상이 중요하다고 설명한다. 하지만 생산성 향상을 어떻게 실현하는지 방법에 대해서는 언급하지 않았다.

이 보고서의 요점은 국가, 산업, 기업이 경제성장 전망을 바꾸기 위해서는 생산성 향상을 실현하는 요인을 검증하는 수밖에 없다는 것이다. 그 방안에 대해 미국의 경우 뛰어난 경영자에게 고액의 보수를 줌으로써 생산성 향상의 동기를 부여하려고 하고, 유럽은 미국과 다른 인구 동향과 정치적 사상의 차이로 최저임금 인상을 통한 생산성 향상을 꾀하도록 경영자를 자극하려고 한다.

문제는 경영자에게 있다

맥킨지가 발표한 〈관리가 생산성에 중요한 이유(Why management matters for productivity)〉라는 또 다른 보고서에 따르면 생산성 향상의 가장 큰 걸림돌은 경영자라고 분석한다. 특히 각국 경제의 대부분을 차지하는 중소기업 경영자의 질이 낮은 것이 가장 큰 문제라고 지적한다.

특히 흥미로운 것은 각 기업 경영자의 생산성에 대한 자기평가와 맥킨지의 평가가 크게 엇갈렸다는 점이다. 경영자에 의한 생산성 향상의 실적 평가는 맥킨지의 평가보다 꽤 높은 경우가 많았다. 하지만 이 보고서도 마찬가지로 생산성 향상에 대해서 '경쟁의 결과로 생긴 산물' 정도로 인식하며 더 깊이 있는 의미나 견해를 보여주지 못했다. 그러나 맥킨지도 인구 증가에 의한 경제성장을 기대할 수 없으며 연금과 빚 문제를 떠안은 나라에서는 생산성 향상을 통한 경제성장으로 방향을 전환해야 한다고 지적했다.

국가로서는 경제성장 요인이 인구 증가든 생산성 향상이든 이를 통해 GDP가 늘고 세수가 늘어나는 것이 중요하다. 만약 인구가 증가한다면 각 기업의 생산성이 어떤지 굳이 파고들 필요도 없다. 그러나 인구 증가에 따른 경제성장 요인이 저하되면 생산성 향상이 경제성장의 유일한 동력이 되므로 기업의 생산성 향상이 국가의 명운을 가르게 된다. 따라서 국가가 각 기업 경영을 주시하지 않으면 안 된다.

맥킨지도 지적하는 바와 같이 이제는 생산성 향상을 각 기업에만 맡겨둘 수 없게 됐다. 선진국들도 이미 국가정책으로서 국가가 주도하는 시대를 맞이하고 있다.

최저임금 인상과 생산성

현재 유럽을 중심으로 생산성 향상의 효과가 클 것이라는 기대 속에서 시행되고 있는 경제정책이 있다. 바로 지속적인 최저임금 인상이다. 최저임금과 생산성 사이에는 높은 상관관계가 있다고 한다(상관계수는 0.84, 도표 5-1).

'달걀이 먼저냐, 닭이 먼저냐' 하는 논란은 당연히 존재한다. 생산성이 높아서 최저임금이 높은 것인가, 최저임금이 높아서 생산성이 높은 것인가? 이건 매우 근본적인 문제다. 하지만 상관관계가 굉장히 높

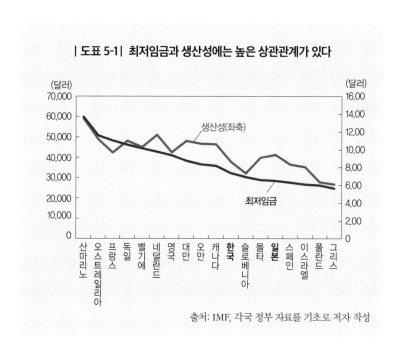

| 도표 5-1 | 최저임금과 생산성에는 높은 상관관계가 있다

출처: IMF, 각국 정부 자료를 기초로 저자 작성

| 도표 5-2 | 영국의 최저임금 인상 상황

	기준(파운드)	인상률(%)
1999년 4월 1일	3.60	
2000년 6월 1일	3.60	0.00
2000년 10월 1일	3.70	2.78
2001년 10월 1일	4.10	10.81
2002년 10월 1일	4.20	2.44
2003년 10월 1일	4.50	7.14
2004년 10월 1일	4.85	7.78
2005년 10월 1일	5.05	4.12
2006년 10월 1일	5.35	5.94
2007년 10월 1일	5.52	3.18
2008년 10월 1일	5.73	3.80
2009년 10월 1일	5.80	1.22
2010년 10월 1일	5.93	2.24
2011년 10월 1일	6.08	2.53
2012년 10월 1일	6.19	1.81
2013년 10월 1일	6.31	1.94
2014년 10월 1일	6.50	3.01
2015년 10월 1일	6.70	3.08
2016년 4월 1일	7.20	7.46
2016년 10월 1일	7.20	0.00
2017년 4월 1일	7.50	4.17
2018년 4월 1일	7.83	4.40
연평균인상률(%)		4.17

출처: 영국 정부 자료를 기초로 저자 작성

다는 것만은 틀림없다.

여러 나라의 경제학자들은 최저임금과 생산성의 상관관계가 높기 때문에 '생산성이 높아서 최저임금이 높아졌다'는 가능성은 일단 제쳐두기로 했다. 상관관계가 높은 것이 분명해진 이상 발상을 바꿔 최저임금을 인상함으로써 생산성을 향상시킬 수 있을 것이라는 가설을 세우고 실험을 시작했다. 이 또한 패러다임의 대변환이라고 할 수 있다.

그중에서도 전 세계의 경제학자들이 주목하며 연구하는 나라가 있다. 바로 영국이다. 영국 정부는 1999년 최저임금 제도를 도입했다. 그 뒤 몇 년 동안 매년 최저임금을 지속적으로 올렸다(도표 5-2).

도표 5-2에 나타난 최저임금은 가장 많은 노동자에게 적용되는 기준이다. 젊은이들을 배려하기 위해 추가적으로 연수생이나 아르바이트생을 위한 기준을 마련하는 등 여러 번 제도를 변경했는데, 이를 일일이 나타내기 어렵기 때문에 가장 많은 사람에게 적용되는 기준치를 사용했다.

제도로서 최저임금을 영국보다 먼저 도입한 나라도 있다. 그러나 영국이 이 실험을 시작한 이후 최저임금제도를 도입하여 인상하는 나라들이 늘고 있다.

최저임금을 인상하는 나라들에는 공통점이 있다. 향후 큰 폭의 인구 성장을 기대할 수 없다는 점이다. 즉 인구가 늘어남에 따라 경제가 성장하는 것을 더 이상 기대할 수 없기 때문에 생산성 향상에 높은 관심을 가지는 것이다. 이들 나라에서는 생산성 향상에 관해 기업보다 국가가 훨씬 더 큰 관심을 갖고 있다. 기업에 맡겨두면 생산성 향상을 위한 노력이 더뎌지는 경향이 있기 때문에 국가가 최저임금을 올림으로써 기업이 생산성 향상을 추구하도록 유도하는 것이다.

최저임금이 주목받는 또 다른 이유는 경제에 미치는 파급력이다. 최저임금은 비상장사를 포함하여 모든 기업에 영향을 미친다. 그렇기 때문에 정책으로 사용하기에 유용한 수단이라고 생각하는 것이다.

최저임금을 올리면 기업은 직원에게 이전보다 높은 임금을 지불해야 한다. 당연히 인건비가 오른다. 기업은 높아진 인건비를 어떤 형태로든 메우지 않으면 안 되는 상황에 처한다. 이것이 생산성 향상의 동기가 된다면 그것만으로 정책은 반 이상 성공한 셈이 된다. 정말 그렇게 될지 의문스러워하는 이들도 있을 테니 뒤에서 영국의 사례를 검증해보도록 하겠다.

최저임금 인상이 필요한 여섯 가지 이유

애초에 왜 최저임금 인상이 생산성을 향상시키는 데 바람직한 걸까? 앞서 언급한 내용을 포함하여 여섯 가지의 이유를 설명하겠다.

1. 생산성이 낮은 기업을 타깃으로 할 수 있다

첫 번째는 최저임금을 인상함으로써 가장 생산성이 낮은 기업을 타깃으로 생산성 향상을 촉진하거나 경영전략을 바꾸는 동기를 부여할 수 있기 때문이다.

맥킨지의 보고서에서도 알 수 있듯이 생산성이 낮은 국가의 가장 큰 문제는 대기업이 아닌 중소기업인 경우가 많다. 게다가 생산성이 낮은 기업은 직원을 최저임금으로 고용하는 것이 기업 생존의 기본 조건인 경우가 많다. 그래서 최저임금 인상은 가장 생산성이 낮은 기업을 타깃으로 실행할 수 있다.

2. 효과는 위로 파급된다

최저임금을 인상하면 최저임금으로 일하는 사람뿐만 아니라 그 위, 또 그 위 계층에도 영향을 미칠 수 있다. 현행 최저임금보다 조금 더 받던 사람은 최저임금이 인상되면 급여 수준이 최저임금 이하나 그에 가까운 정도가 된다. 당연히 이런 사람들은 더 높은 급여를 주는 직장으로 이직하려고 하기 때문에 이들의 이직을 막기 위해서 기업은 임금을 올리게 된다. 대체로 이 영향은 연쇄적으로 파급되어 전체적인 임금상승효과를 낳는다. 이러한 연쇄를 '스필오버 효과(spill over effect)'라고 부른다. 달리 말하면 '향상 효과'라고 할 수 있다.

3. 소비에 미치는 영향이 크다

여러 연구를 통해 최저임금으로 일하는 노동자들의 소비 잠재력이 높은 것으로 확인됐다. 대기업의 임금 인상도 수요 진작에 효과가 있겠지만, 경제 전반에 큰 효과를 가져오기 위해서는 중소기업에서 저임금으로 일하는 노동자들의 급여를 올리는 것이 보다 적합하다.

4. 일자리가 늘어난다

최저임금을 올리는 방법에 따라서는 일자리를 늘리는 것도 가능하다. 최저임금이 인상되면 지금까지 취직에 따른 이점을 느끼지 못했던 사람들도 취직할 의욕이 생겨 노동시장의 참여율이 높아질 수 있다.

5. 약화된 노동조합의 역할을 대신한다

선진국 중에는 노동조합이 점차 약화되는 경우가 많다. 노동조합에 가입하는 노동자의 비율이 낮아져 노사 간의 교섭력이 저하되는 것이다. 이 때문에 생산성 향상을 강제하고 싶은 나라들은 노동조합을 대신하여 최저임금을 인상함으로써 노동분배율을 향상시킬 수 있다.

6. 생산성 향상을 '강제'할 수 있다

최저임금 인상의 가장 큰 효과는 생산성을 높이는 '강제력'이 있다는 점이다. 최저임금으로 노동자를 고용하는 기업의 경우 임금이 낮을수록 채용 동기가 강해진다. 이런 기업은 대개 노동력에 의존하는 경향이 강하기 때문에 혁신적 기술에 따른 생산성 향상을 기대하기 어렵다. 그러나 인건비가 계속적으로 높아지면 경영자는 가장 먼저 이익의 압박을 받는다. 늘어난 만큼의 인건비를 상품의 가격에 전가하기도 쉽지 않다. 이익은 주주와 임원의 몫이므로 곤란한 것은 경영자다. 그래서 경영자는 비용 전가를 위해서라도 생산성을 높일 필요성을 느끼게 된다. 일종의 강제력이 작용하는 것이다. 최저임금 인상을 실시하는 유럽 각국의 정부는 이런 과정을 거쳐 생산성이 향상되기를 기대하고 있다.

영국의 사례를 참고해야 하는 이유

여기서는 최저임금 도입 후의 영국 경제에 관한 분석 결과를 소개하고 자 한다. 왜 영국을 대상으로 하는가? 여기에는 네 가지 이유가 있다.

1. 영국에는 '최저임금'이 없었다

1908년 영국의 각 업계에 '임금심의회(Wages Council)'가 설치됐다. 그러나 1993년에 이것이 폐지되어 1993년부터 1999년까지 영국에는 최저임금이라는 것 자체가 없었다.

학문적으로 최저임금의 도입에 따른 영향을 알아보고 싶은 경우 원 래 제도가 없는 나라의 도입 전과 후의 경제를 분석하면 이를 분명하 게 검증할 수 있다. 이미 최저임금이 도입된 국가에서는 인상으로 인 한 영향이 경제의 다양한 요인들과 혼재되어 발생하기 때문에 최저임 금 인상 효과만을 따로 검증하려면 복잡한 분석이 필요하다. 영국은 최저임금이 없는 시기가 존재하므로 최저임금의 도입과 그 인상의 영 향을 분석하기에 최적의 샘플이라 할 수 있다.

2. 영국은 생산성이 낮았다

영국의 생산성과 소득수준은 다른 유럽 국가들에 비하면 상대적으 로 낮았다. 1인당 GDP와 소득의 중앙값에 대한 저소득자의 임금 수 준도 매우 낮았다.

영국에서 최저임금을 도입할 당시 정부는 광범위하게 대상자를 확대하지 않고 노동자의 약 6퍼센트가 영향을 받는 정도의 수준으로 정책을 수립했다. 이를 조금씩 확대하여 2000년대 들어서는 더 큰 폭으로 최저임금을 인상했고, 그 결과 최근에는 소득수준의 중앙값에 대한 영국의 최저임금 수준이 다른 유럽 국가 수준으로 상승하거나 더 높아지고 있다.

〈최저임금 인상: 언제, 왜 경제적으로 가치가 있는가?(Raising Lower-Level Wages: When and Why It Makes Economic Sense)〉라는 보고서에 따르면 1990년부터 2012년 사이에 12개국의 선진국 가운데 소득격차가 가장 크게 축소된 곳으로 영국을 꼽았다(도표 5-3).

3. 철저한 검증이 이루어졌다

영국에는 최저임금 도입의 영향에 관한 다양한 분석이 존재한다. 앞에서 말한 것처럼 영국의 조건은 과학적이고 실험적인 분석에 적합하다. 또한 영국 정부에 있어서 최저임금 도입은 정치적 대변환이었기 때문에 많은 이들이 연구를 진행했다.

영국에서는 1997년 최저임금 도입을 선거 공약의 핵심으로 내세운 노동당이 승리하면서 토니 블레어 정권이 탄생했다. 하지만 보수당은 최저임금을 반대했기 때문에 그 성공과 실패 여부를 더욱 철저하게 분석하게 된 것이다.

4. 경제 규모가 크다

마지막 이유는 영국 경제의 크기다. 영국의 인구는 약 6,600만 명으

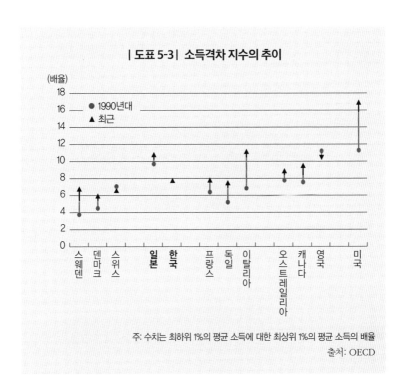

| 도표 5-3 | 소득격차 지수의 추이

(배율)

● 1990년대
▲ 최근

주: 수치는 최하위 1%의 평균 소득에 대한 최상위 1%의 평균 소득의 배율

출처: OECD

로, 일본에 비하면 적은 편이다. 하지만 GDP 총액은 미국, 중국, 일본, 독일에 이어 세계 5위다.

생산성에 대한 논의에서 흔히 룩셈부르크와 싱가포르, 홍콩 등을 생산성이 높은 국가로 거론한다. 하지만 이들 국가는 인구가 매우 적다. 인구 대국인 일본에는 참고가 되지 않는다.

영국의 인구도 일본의 절반에 불과하지만, 영국은 생산가능인구가 늘어나고 있고 일본은 급감하고 있어 앞으로 40년 안에 비슷한 수준을 이룰 것으로 예상된다. 그래서 영국의 최저임금 도입 경험은 통계상 참고가 될 것이다.

최저임금을 인상하면 실업자가 늘어날까

일본에서는 최저임금을 인상해야 한다고 주장하면 실업자가 많이 늘어날 것이라는 반론이 일어난다. 실제로 제75대 영국 총리였던 보수당의 데이비드 캐머런(David Cameron)이나 영국산업연합(Confederation of British Industry)이라는 단체도 같은 이유로 맹렬히 반대했다.

나중에 다시 소개하겠지만 일부 미국 학자들도 같은 이유로 최저임금 인상에 반대 의견을 펴고 있다. 이는 신고전파 경제학에서 그 뿌리를 찾을 수 있다. 신고전파 경제학은 노동시장에도 기업 간 경쟁을 통해 가격 형성이 효율적으로 이루어진다는 전제가 깔려 있다. 그래서 균형가격(시장에서 수요량과 공급량이 일치하는 선에서 성립하는 가격)보다 가격을 높게 잡으면 공급이 늘어나는 반면 수요가 줄어 실업자가 늘어난다는 것이다. 수급 및 가격 형성이 완전히 효율적이라는 그들의 전제가 옳다면 확실히 그렇게 될 것이다(도표 5-4).

그러나 이는 교과서 속 논리에 불과하다. 영국의 사례는 실물경제에서 처음으로 이 이론을 확인하는 계기가 됐다. 실제 노동시장은 교과서에서 말하는 것만큼 효율적이지 않았고, 그 결과 신고전파 경제학

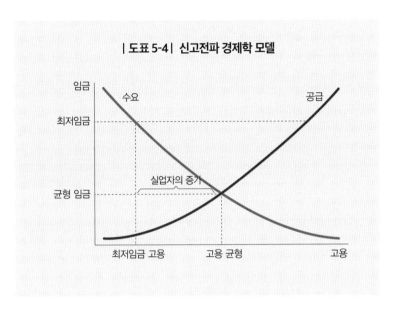

| 도표 5-4 | 신고전파 경제학 모델

임금

수요　　　　　　　　　　　　　　공급

최저임금

실업자의 증가

균형 임금

최저임금 고용　　　　　고용 균형　　　　　고용

의 가설이 부인되기에 이르렀다. 그 내용에 관해서는 뒤에서 다시 설명하겠다.

〈최저임금이 고용에 미치는 영향(The Impact of the National Minimum Wage on Employment)〉이라는 보고서는 800개 이상의 논문을 분석하여 그 결과를 검증했다(이처럼 다수의 논문을 횡단적으로 분석하는 것을 '메타분석'이라고 한다. 일반적으로 개별 논문보다 메타분석이 신뢰성이 높다고 받아들인다). 그 결과에 따르면 기존에 최저임금제도가 시행되는 경우 최저임금 수준을 높여도 총고용이 줄어드는 일은 없다고 한다. 다만 전체적인 고용에는 영향이 없지만, 파트타임 여성 노동자 등 특정 분야에서는 그 영향이 확인됐다고 한다.

최저임금은 영국의 경제를 어떻게 바꿨나

지금부터는 최저임금을 도입한 후 영국에서 어떤 일이 일어났는지 자세히 살펴보겠다.

실직에는 영향이 없었다

영국에서는 2018년에 25세 이상의 최저임금이 7.83파운드로 오르면서 1999년 3.6파운드의 2.2배가 됐다. 그럼에도 불구하고 2018년 6월의 실업률은 4.0퍼센트로 1975년 이후 최저 수준을 기록했고, 이는 1971년부터 2018년까지의 평균 7.04퍼센트를 크게 밑돌았다.

2015년에 발표한 〈최저임금이 영국 경제에 미치는 영향(The impact of the National Minimum Wage on UK Businesses)〉이라는 보고서에 따르면 최저임금의 도입에 따른 실업률에 대한 영향은 확인되지 않았다고 한다. 또한 기업의 폐업이 늘어나는 등의 악영향 또한 나타나지 않았다. 오히려 최저임금으로 직원을 고용하던 기업의 상당수는 이익이 감소한 것에 대해 생산성 향상 활동으로 대응하는 것이 확인되었다고 한다. 이는 정부가 의도한 대로의 결과다.

서비스업에 더 큰 영향을 미쳤다

2004년에 발표한 보고서 "최저임금이 영국 기업에 미치는 영향(The Impact of the National Minimum Wage on British Firms)"에는 일본에 중요한 시사점이 몇 가지 나와 있다. 최저임금의 도입에 따라 임금 상승의 영향을 받은 기업은 제조업이 16퍼센트인 것에 비해 서비스업은 43퍼센트에 달했다. 또한 임금 상승의 영향을 많이 받은 기업의 생산성은 영향이 별로 없는 기업의 생산성에 비해 45퍼센트나 밑도는 수준이었다고 한다.

최저임금의 도입은 제조업에는 거의 영향을 미치지 않았다. 서비스업에서는 임금 상승의 영향을 많이 받았으나 실업이 늘어나지 않았고 1998년부터 2000년 사이에 생산성이 11퍼센트나 개선됐다. 이는 일본이 가장 주목해야 할 자료 중 하나다.

생산성이 향상됐다

최저임금을 설정함으로써 생산성이 향상된 현상은 다른 논문에서도 확인할 수 있다. 〈영국의 최저임금이 저임금 부문과 기업의 생산성 향상에 미치는 영향(The Impact of the UK National Minimum Wage on Productivity by Low-Paying Sectors and Firm-Size Groups)〉에 따르면 최저임금이 올라갈수록 생산성이 향상되는 정도를 '탄력성'이라 했을 때 서비스업의 탄력성이 제조업보다 높았다고 한다. 이는 서비스업이 다른 산업에 비해 비용 중 인건비가 차지하는 비율이 높기 때문인 것으로 분석했다.

또한 〈기준의 향상: 최저임금 및 기업의 생산성(Raising the Standard: Minimum Wages and Firm Productivity)〉에서도 같은 결과를 보고했다. 이 논문에서는 영국 중소기업의 특징을 언급했는데, 중소기업은 경영 수준이 낮은 데다가 기술 보급이 늦고, 특히 직원 수가 20인 미만인 기업은 환경 변화에 사후 대응을 하는 경향이 강하다고 지적했다. 여기에서도 직원 수가 20인 미만인 기업이 문제로서 주목을 받았다.

생산성이 높은 기업일수록 고용을 늘렸다

이 논문에서는 매우 중요한 사실을 발견했다. 그것은 생산성이 낮은 기업일수록 최저임금 인상으로 인해 고용을 늘리지 못한 반면, 생산성이 높은 기업일수록 고용을 늘릴 수 있게 됐다는 점이다. 그 결과 최저임금 인상은 각 기업의 생산성 향상에 효과가 있었을 뿐만 아니라 생산성이 낮은 기업이 차지하는 비율도 낮아지는 효과가 있었다.

노동력을 줄여도 그로 인한 효과는 없었다

한국에서도 최저임금 인상에 따른 효과가 연구됐다. 〈최저임금 제도의 소개, 고용주 응답 및 기업의 노동생산성: 한국의 사례(Minimum Wage Introduction, Employer Response, and Labor Productivity of Firms: Evidence from South Korea)〉에 따르면 한국에서는 최저임금 인상으로 인해 기업이 직원을 줄이는 대신 기계를 도입하는 경향이 확인되지 않았다고 한다. 사람을 줄여 기계 등으로 대체하는 것이 아니라 직원들의 생산성 향상을 위해 기계 등을 도입했다는 결론을 도출했다.

전 세계적인 최저임금 인상의 효과

신고전파 경제학의 '최저임금 인상은 고용에 악영향을 미친다'는 가설은 점차 부정되고 있다. 몇몇 나라에서는 최저임금을 인상에 따른 결과 자료를 수집하여 이 가설의 진위를 실물경제 동향을 통해 검증하고 있다.

결론은 최저임금을 올리는 것만으로 고용에 악영향을 미친다는 견해는 지극히 논리적 비약일 뿐만 아니라 최저임금을 올리는 방법에 따라 그 효과가 달라진다는 것이다. 예를 들어 최저임금을 인상한 결과 일자리가 늘었다는 나라들이 있다. 이를 과학적으로 검증하여 도출된 결과는 일본에 많은 시사점을 준다. 즉 최저임금을 인상함으로써 여성과 청년, 노인 등 그동안 일자리에서 소외됐던 계층들이 새로운 수준의 임금에 자극을 받아 노동시장에 참여하게 됐고, 이것이 노동시장의 확대로 이어졌다는 것이다.

〈최저임금 인상의 거시 경제적 영향: 자본 축적, 고용 및 임금 분배(The macroeconomic consequences of raising the minimum wage: Capital accumulation, employment and the wage distribution)〉라는 2018년 1월에 발표된 논문은 미국 경제를 분석하여 최저임금을 15 퍼센트 인상하면 고용이 0.24퍼센트 증가할 뿐만 아니라 물적자본도 4.04퍼센트 증가하고 생산성이 2.19퍼센트 향상된다고 한다.

또한 이 논문은 최저임금 인상률에 대해 15퍼센트가 마지노선이라고 예측하고 있다. 그 이상이 되면 시간이 지남에 따라 점차 악영향이 나오기 시작하고 24퍼센트에 이르게 되면 고용이 2.75퍼센트 줄어든다는 분석 결과를 제시했다. 다만 미국은 1인당 GDP에 대한 최저임금의 비율이 낮다는 점을 고려해야 한다. 이 논문에서는 최저임금 인상이 기업의 규모 확대로 이어진다는 지적이 매우 흥미롭다.

또한 최저임금 인상으로 인한 각종 부수 효과도 속속 발견됐다. 국제노동기구(ILO)가 정리한 〈최저임금 및 노동생산성(Minimum wages and labour productivity)〉이라는 보고서는(다른 몇 개의 논문에도 쓰여 있지만) 최저임금을 인상하면 노동자들의 의욕이 높아져 기술 향상을 위한 연수의 참여율도 높아진다고 보고했다. 그 결과 이직률이 낮아졌고, 이직자의 증가에 따른 기업의 구인 비용도 줄었다고 한다.

OECD가 정리한 〈최고 대 나머지들: 글로벌 생산성 저하, 기업 간 분산 및 공공정책의 역할(The Best Versus the Rest: The Global Productivity Slowdown, Divergence across Firms and the Role of Public Policy)〉이라는 보고서에서는 생산성이 높은 기업과 낮은 기업 간의 생산성 차이가 확대되는 것을 우려하고 있다. 반면 최저임금 인상을 통해 생산성이 낮은 기업을 자극할 수 있다는 기대도 함께 제시했다.

최저임금을 급격하게 인상한 한국의 사례

앞에서 최저임금의 극단적인 인상은 고용에 악영향을 미친다는 연구 결과를 소개한 바 있다. 이를 이미 경험한 나라가 있어 소개하고자 한다.

일본에서는 최저임금을 인상해야 한다고 주장하면 반드시 반론이 터져 나온다. 그 반론의 근거로 사용되는 것이 한국에서 2018년 1월에 실시한 최저임금 16퍼센트 인상이다. 한국에서는 일부 실업자 증가 등 급격한 인상에 따른 부작용이 일부 확인됐다. 하지만 이러한 부작용이 발생한 것은 최저임금의 인상 방식에 문제가 있었기 때문이다. 최저임금을 한 번에 16퍼센트나 올린 것은 무리한 방식이었다는 것이다.

한국의 사례를 드는 사람들은 평소 일본의 경제력을 과시하면서 '한국 경제는 수출에 너무 의지한다'거나 '한국의 기술력은 일본과 비교가 되지 않는다'는 등 한국 경제를 평가절하하면서 최저임금 인상에 관해서 이야기할 때만 한국 사례를 활용하는 경우가 많다. 달면 삼키고 쓰면 뱉는 느낌이다.

일본의 인재 평가는 세계 4위, 한국은 32위다. 이 사실만 놓고 봐도 최저임금 인상에 따른 부작용이 나오는 것도 당연하다(도표 5-5). 한국의 예가 시사하는 것은 앞서 소개한 논문처럼 그 나라의 경제 실정을 바탕으로 적절한 인상 방식을 취하지 않으면 실업자가 늘어난다는 식의 단순한 이야기가 아니다. 한국의 경우 최저임금을 16퍼센트 인상하기 전의 수준도 결코 낮지는 않았다. 따라서 국제적인 인재 평가에 비해 인상폭이 컸다고 보는 것이 타당할 것이다.

한국과는 대조적으로 영국에서는 최저임금을 도입한 이래 계속해서 꾸준히 인상한 덕분에 고용에 악영향이 나타나지 않았다. 영국은 지금까지 20여 차례, 평균 연간 4.17퍼센트를 인상해왔다. 가장 큰 인상률은 2001년에서 2002년의 10.81퍼센트였으며 이후에도 세 번이나 7퍼센트의 큰 폭으로 인상한 바 있다. 그럼에도 불구하고 고용에 악영향이 나오지 않았다는 사실을 간과해서는 안 될 것이다.

최저임금 인상에 대응하는 방식

여러 논문에서 확인할 수 있듯이 영국 기업은 최저임금 도입에 주로 생산성을 향상시키는 방식으로 대응했다. 그러나 그것만으로 끝나는 것이 아니다. 고용을 줄이지 않기 때문에 최저임금을 올리면 생산성을 높이든, 이익을 줄이든, 가격을 올리든 해야 한다. 이 외에 할 수 있는 것이 별로 없다. 그렇다면 어떠한 방법을 택할 것인가? 이를 분석한 보고서가 있다.

"국가 최저임금이 수익과 가격에 미치는 영향: 저임금위원회 보고서(The Impact of the National Minimum Wage on Profits and Prices: Report for Low Pay Commission)"에 따르면 1999년의 최저임금 도입 이후 4~5퍼센트에 해당하는 노동자의 급여가 10퍼센트 상승했고, 그 결과 실업률은 늘지 않았지만 기업의 이익이 9.3~12.8퍼센트 줄었다고 한다. 그뿐만 아니라 기업의 폐업률이 거의 변하지 않았는데, 이를 통해 저소득자를 채용하던 기업들이 지금까지 얻었던 과잉 이익의 일부를 직원들에게 환원했을 가능성이 높다고 지적했다.

| 도표 5-5 | 각국의 최저임금

국가	최저임금(구매력평가, 달러)
산마리노	13.68
오스트레일리아	11.60
룩셈부르크	11.55
프랑스	11.03
독일	10.56
벨기에	10.15
네덜란드	9.78
뉴질랜드	9.76
영국	9.38
대만	8.75
미국	8.50
오만	8.34
캐나다	8.18
사우디아라비아	7.62
한국	7.36
슬로베니아	6.92
몰타	6.59
일본	6.50
스페인	6.30
이스라엘	6.09
폴란드	5.99
그리스	5.64
홍콩	5.41

출처: 각국 정부 자료를 기초로 저자 작성

반면 인플레이션율에 대한 직접적인 영향은 확인되지 않았다. 그 이유는 최저임금 인상의 영향을 가장 크게 받은 기업이 특정 산업에 몰린 것이 아니기 때문에 임금 인상분에 대한 가격 전가가 이뤄졌다고 볼 수 없다는 것이다.

　〈최저임금이 물가에 미치는 영향(The Effect of the Minimum Wage on Prices)〉이라는 보고서에서도 비슷한 분석을 내놓았다. 미국의 최저임금이 10퍼센트 오르면 식료품 가격이 약 4퍼센트 상승하지만 전체 물가 수준에 대한 영향은 0.4퍼센트에 그친다는 것이다.

　영국의 〈파이낸셜타임스(The Financial Times)〉의 기사(2015년 11월 18일)는 1,037개사의 경영자를 대상으로 최저임금 인상에 어떻게 대응할 것인지 설문조사한 결과를 소개했다. 기사에 따르면 '생산성을 향상시키겠다'고 답한 경영자가 약 30퍼센트로 가장 많았다. 그다음으로 '이익을 줄인다'와 '잔업 삭감'이 뒤를 이었다. 신규 채용을 줄이고 직원 수를 줄이겠다는 응답은 전체의 15퍼센트였다.

　일본에서는 최저임금을 크게 올려야 한다고 지적하면 무조건 일자리가 줄어든다고 반론을 편다. 그러나 영국에서 실시한 조사에 따르면 생산성을 높이겠다고 답한 경영자가 직원 수를 줄이겠다고 답한 경영자의 약 두 배에 이른다. 이는 주목할 만한 결과라고 생각한다.

최저임금과 기술혁신의 보급

OECD는 〈최고 대 나머지들: 글로벌 생산성 저하, 기업 간 분산 및 공공정책의 역할〉이라는 보고서를 통해 매우 중요한 분석을 소개했다. 2008년에 일어난 리먼 쇼크 이후 '100년에 한 번 오는 불황'이라 불리는 끔찍한 사태가 발생한 것이다. 2007년부터 2009년 사이와 이후 OECD 국가의 생산성 향상률이 크게 감소했다. 사실 생산성 향상률은 2001년부터 낮아지기 시작했고 2010년에 바닥을 치고 점차 개선되고 있었지만 1990년대 수준에 비하면 아직도 낮은 상태다.

OECD는 주요 원인으로 '프런티어 기업(Frontier firms)'과 '래거드 기업(Laggard firms)'의 격차 확대를 꼽았다(도표 5-6). 프런티어 기업은 생산성이 가장 높은 상위 5퍼센트의 기업이고, 래거드 기업은 생산성이 가장 낮은 하위 5퍼센트의 기업을 말한다. 특히 서비스업에 있어서 격차 확대는 상당한 의미를 가진다.

이들 기업 간 격차 확대의 요인에는 노동생산성의 영향도 있지만, 가장 큰 것은 '전요소생산성'의 격차였다. 전요소생산성(Total Factor Productivity)이란 기술혁신, 업무 효율화, 규제 완화, 브랜드 가치 등의 요인 즉 그야말로 모든 요소를 포함한, 폭넓은 생산성을 의미한다.

2000년대 들어 프런티어 기업의 전요소생산성은 높은 증가세를 유지하고 있지만, 래거드 기업은 그 증가율이 낮아 전체 평균을 낮추고 있다. 이러한 격차 확대의 움직임은 업종 간에 일어나는 것이 아니라 각 업종 내에서 일어나고 있다는 사실에 주목해야 한다(도표 5-7).

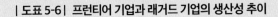

| 도표 5-6 | 프런티어 기업과 래거드 기업의 생산성 추이

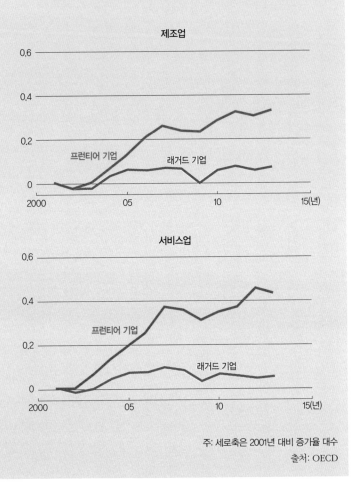

제조업

프런티어 기업   래거드 기업

서비스업

프런티어 기업

래거드 기업

주: 세로축은 2001년 대비 증가율 대수

출처: OECD

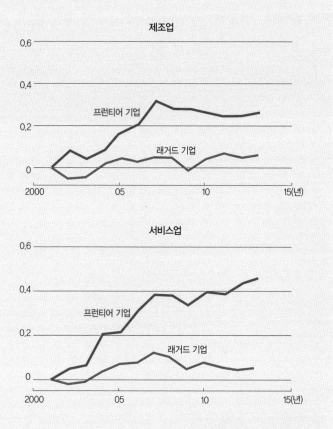

| 도표 5-7 | 프런티어 기업과 래거드 기업의 전요소생산성 추이

제조업

프런티어 기업

래거드 기업

서비스업

프런티어 기업

래거드 기업

주: 세로축은 2001년 대비 증가율 대수

출처: OECD

전요소생산성 격차가 확대되는 이유는 기술혁신 보급률의 저하 때문이다. 프런티어 기업은 기술혁신을 진행하며 그 이점을 누리는 데 반해, 나머지 기업들이 기술 진보를 따라잡지 못하는 것이다. 특히 새로운 테크놀로지나 기술을 잘 조합하여 활용하는 기술이나 암묵지(暗默知)가 프런티어 기업에는 축적되어 있는데 래거드 기업에는 부족하다.

관건은 중소기업에 있다

래거드 기업의 대부분은 중소기업이다. 중소기업의 경영 능력이 낮다는 것은 OECD뿐 아니라 영국 정부와 미국 정부도 지적한 바 있다. 또한 중소기업은 업무에 있어 사람에 의존하는 경향이 강한 반면 테크놀로지를 사용하는 비율이 낮다. 그렇기 때문에 국가 경제정책을 수립하는 데 있어서 중소기업에 미치는 효과가 그 핵심 과제가 될 것이다.

영국 사례에서 보듯이 최저임금 인상으로 전요소생산성 향상의 계기가 마련할 수 있다. 앞서 영국의 사례를 통해 최저임금으로 직원을 고용한 기업이 최저임금 인상에 따른 영향을 생산성 향상으로 대응한 것을 확인했다. 물론 그중에는 잘 대응하지 못하는 기업도 있었을 것이다. 하지만 종합적으로 판단했을 때 최저임금 인상으로 중소기업도 강제적으로 생산성 향상 활동에 참여하도록 유도할 수 있었다. 여기에는 중소 영세기업이 새로운 기술 도입에 과감하게 나설 수 있도록 다양한 지원 정책이 수반돼야 할 것이다. 그 지원에 관해서는 제7장에서 논하고자 한다.

빈부격차를 줄이는 방법

최저임금 인상에 따른 또 다른 이점이 있다. 바로 최저임금은 인상 방식에 따라 빈부격차를 축소시킬 수 있다는 것이다. 〈영국의 최저임금이 임금 및 고용에 미치는 영향(On the Impact of the British National Minimum Wage on Pay and Employment)〉이라는 보고서에 따르면 영국의 1999년 최저임금은 소득의 중앙값의 47.6퍼센트였다. 그것이 2007년에는 52퍼센트까지 상승했다. 정부는 2020년까지 60퍼센트로 끌어올리는 것을 목표로 하고 있다.

선진국의 대부분은 빈부격차가 확대되고 있지만 영국은 그 가운데서도 격차가 줄어드는 몇 안 되는 나라 중 하나다. 영국에서는 1978년부터 1996년까지 일관되게 빈부격차가 확대됐다. 그러나 최저임금을 도입하고 소득의 중앙값에 대한 최저임금의 비율을 높임으로써 빈부격차가 1989년 수준으로 돌아왔다. 1978년부터 1996년까지 이어진 빈부격차의 약 절반이 해소된 셈이다. 보고서는 고소득층의 소득 동향에 별다른 변화가 나타나지 않았기 때문에 이 개선을 최저임금 도입에 의한 결과라고 보고했다.

미국에서도 비슷한 결과가 보고됐다. 〈1980년대 미국의 임금 불평등: 분산 상승 혹은 최저임금 하락?(Wage Inequality in the United States during the 1980s: Rising Dispersion or Falling Minimum Wage?)〉이라는 보고서에 따르면 1980년대 미국은 인플레이션율이 높았음에도 불구하고 연방 정부가 최저임금을 한 번도 올리지 않음으로써 최저임금의 실질적 가치가 1950년대 수준으로 떨어졌다고 한다. 지역별 차이를 바탕으로 추측해보면 1980년대의 빈부격차의 확대는 여성의 경우 최대 100퍼센트, 남성은 최대 70퍼센트가 최저임금의 실질적인 저하가 그 원인이었다고 지적한다.

격차 축소와 경제성장

IMF와 OECD 모두 사회의 큰 소득격차가 경제성장에 악영향을 미친다고 분석했다. OECD의 보고서 〈소득 불평등의 추세와 경제성장에 미치는 영향(Trends in Income Inequality and its Impact on Economic Growth)〉에 따르면 OECD 회원국 중 최상위층 10퍼센트의 소득이 최하위층 10퍼센트 소득의 약 9.5배로 30년 만에 최대로 벌어졌음을 지적했다. 참고로 1980년대에는 약 7배였다.

이처럼 격차가 벌어진 것은 최상위층의 소득이 급증했을 뿐만 아니라 최하위층의 소득이 감소했기 때문이라고 분석한다. 후자의 소득은 호경기일 때는 별로 오르지 않았고 불경기일 때는 더 많이 내려갔다.

최상위층과 최하위층의 소득격차 확대는 평등과 형평성 차원에서 문제시될 뿐만 아니라 OECD의 지적처럼 경제성장에도 악영향을 미친다. 최상위층의 소득은 급증해도 경제성장으로 이어지지 않는 반면 최하위층의 소득 감소는 경제에 바로 악영향을 미치기 때문이다. 따라서 고소득층에 대한 감세 등의 정책보다는 저소득 계층의 소득을 늘리는 정책이 경제성장을 촉진하는 데 더 효과적이다.

특히 OECD의 분석에 따르면 1990년부터 2010년까지 그 격차가 더욱 커져 전 세계적으로 경제성장에 악영향을 미쳤다고 한다. 소득격차 확대로 멕시코와 뉴질랜드에서는 1인당 GDP 성장률이 10퍼센트 저하됐고, 미국, 영국, 스웨덴, 핀란드, 노르웨이에서는 20퍼센트 감소했다. 일본도 소득격차 확대가 1인당 GDP 성장률을 25퍼센트가량 떨어뜨린다고 분석했다.

남녀 소득불평등과 최저임금

어느 나라든 최저임금 인상의 혜택을 가장 많이 받는 것이 여성이다. 최저임금으로 일하는 비율이 남성보다 여성이 압도적으로 높기 때문이다.

워크플레이스 저스티스(Workplace Justice)에 따르면 미국에서는 2017년 8월 최저임금으로 일하는 사람 가운데 여성의 비율을 약 3분의 2로 예상했다. 〈영국의 여성, 노동 및 임금(Women, Work and Wages in the UK)〉이라는 보고서도 영국에서 최저임금으로 일하는 노동자 중 여성의 비율이 62퍼센트라고 했다. 또한 〈최저임금이 박한 곳: 영국의 저임금 부문에 대한 최저임금 소개(Where the Minimum Wage Bites Hard: The Introduction of the UK Minimum Wage to a Low Wage Sector)〉에 인용된 논문에서도 영국이 최저임금을 도입한 1999년 최저임금의 혜택을 받은 사람의 55퍼센트가 파트타임 여성 노동자였다고 지적한다.

여러 보고서에서 최저임금은 설정방법에 따라 남녀의 임금격차를 없애는 데 효과적이라고 강조한다. 〈영국의 최저임금이 임금 및 고용에 미치는 영향(On the Impact of the British National Minimum Wage on Pay and Employmen)〉에서는 영국의 남성과 여성의 소득격차는 1998년 17.4퍼센트에서 2005년 13.0퍼센트까지 개선된 것으로 보고했다. 또한 〈영국의 여성, 노동 및 임금(Women, Work and Wages in the UK)〉에 따르면 영국에서 소득이 적은 하위 10퍼센트의 여성들은 소득 하위 10퍼센트인 남성들이 받는 소득의 약 95퍼센트를 받는다. 이 계층이 남녀 간 소득격차가 가장 작은 계층이다. 반면 소득 최상위층의 경우 남성의 소득에 비해 여성의 소득은 77퍼센트로 격차가 가장 컸다.

이처럼 소득이 적은 계층일수록 남녀의 소득격차가 작아지는 것은 최저임금 도입의 효과이며 각 계층별 교육 수준의 차이 등은 설명 요인이 되지 않는다고 지적한다.

신고전파 경제학의 한계

이와 같은 분석은 '여성 활약'에 국한되지 않고 보다 큰 의의가 있다. 신고전파 경제학에서 우려하는 최저임금 설정에 따른 고용에 미치는 악영향과 관련이 있다.

신고전파 경제학에서는 최저임금을 인상하면 고용이 줄어든다고 주장한다. 이 주장의 대전제는 노동력의 가격이 시장에서 차별 없이 효율적으로 평가된다는 것이다.

그러나 영국 등에서 이미 그 전제가 뒤집혔다. 노동시장은 생각만큼 효율적이지 않다는 것이 지금의 정설이다. 어떤 학자는 노동시장에는 '효율성이 없다'고까지 주장하기도 한다.

시장이 효율적이지 않은 데에는 몇 가지 이유를 들 수 있다.

우선 업무나 고용에 관한 정보가 완전하지 않기 때문이다. 노동자는 자신의 시장가격을 제대로 파악하지 못해 보다 높은 소득을 얻을 기회를 놓치기도 한다. 이는 시장의 효율성을 훼손한다.

다음으로 이직에 따른 비용이 효율성을 저해한다.

또한 노동자의 개인적인 사정에 의해 자신의 잠재력에 비해 급여가 낮은 일을 선택할 수도 있다. 여성의 대부분은 여기에 해당한다. 자녀나 부모를 돌보지 않으면 안 되는 사정 등으로 인해 보통의 조건에서 일하기 어려워 그 사람이 받을 수 있는 급여가 잠재력보다 낮아지는 경우가 있다. 이러한 사람은 노동시장에서의 입지가 약해지므로 본래의 생산성에 비해 낮은 급여로 일하는 것이다.

많은 여성들이 이와 같은 상황에서 일하기 때문에 시장의 효율성에 악영향을 미치고 있다. 하지만 동시에 이런 여성들의 존재는 신고전파 경제학의 대전제가 현실적이지 않다는 증거가 된다.

앞서 영국의 사례를 통해 최저임금을 올려도 상당수 기업이 일자리를 줄이지 않았고 회사의 이익이 줄어도 폐업이 늘지 않았다는 사실을 알았다. 이를 통해 애초에 최저임금으로 일하는 노동자의 대부분이 기업에 착취당해왔다는 결론이 도출된다.

미국의 최저임금

최저임금에 대한 분석과 관련하여 재미있는 현상이 발생하고 있다. 유럽에서는 최저임금을 사회정책이나 복지정책의 하나로 받아들이다가 점차 경제정책으로 그 역할을 바꿨다. OECD도 최저임금을 경제정책으로서 이용하는 것에 찬성하는 듯하다.

최저임금 인상은 학회 등 연구자들 간의 논의의 단계를 넘어 영국처럼 정책으로 실행되고 있다. 여러 나라에서 도입이 진행되는 가운데 최저임금을 소득의 중앙값에 대하여 몇 퍼센트로 해야 할지 설정 방법에 대해서도 표준이 완성되어가고 있다.

하지만 미국 학계에서는 최저임금에 반대하는 기운이 여전히 강하다. '빈곤 퇴치에 효과가 없다'거나 '실업자가 반드시 크게 늘어난다'는 지적이 아직까지 되풀이되고 있는 것이다.

메타분석을 위해 통계학을 사용하여 유럽과 미국 분석의 편향을 살펴보면 미국에서 큰 편향을 확인할 수 있다. 그 편향의 가장 큰 원인은 인구 동향의 차이에서 비롯된 것으로 보인다.

유럽의 경우 인구 증가가 경제성장에 미치는 영향이 역사적으로 작았기 때문에 생산성 향상에 의존하는 정도가 높았다. 그래서 유럽에서는 생산성을 어떻게 하면 올릴 수 있는지를 필사적으로 연구한다.

반면 미국은 생산성의 절대 수준이 높긴 하지만, 경제성장에 있어 여전히 인구 증가 요인에 의존하는 비율이 높다. 그래서 매년 늘어나는 인구만큼 고용을 어떻게 확보하는지에 더 많은 관심이 몰려 있다. 국민의 생활수준 개선보다는 신규 일자리 확보가 시급한 것이다.

미국은 인구가 계속 증가하기 때문에 경제가 자연스레 성장한다. 그렇기 때문에 생활수준 향상에 대한 관심은 경제정책이 아닌 복지정책이나 사회정책의 색깔이 짙어진다. 그뿐만 아니라 최저임금 인상에 대해서는 독특하고 복잡한 문제가 얽혀 있다. 퓨 리서치 센터(Pew Research Center)의 2016년 조사에 따르면 트럼프 지지자 중 최저임금 인상에 찬성한 사람은 21퍼센트, 반대한 사람은 76퍼센트라고 한다. 또한 흑인은 89퍼센트가 찬성, 10퍼센트가 반대, 히스패닉은 71퍼센트가 찬성, 25퍼센트가 반대한 반면 백인은 44퍼센트가 찬성, 54퍼센트가 반대했다. 최저임금으로 일하는 사람들의 속성을 생각했을 때 미국의 최저임금 인상은 백인으로부터 흑인 그리고 히스패닉으로의 소득 이전을 의미하기 때문에 정치적으로 복잡한 성격을 띤다.

게다가 미국은 상대적으로 사회보장제도도 충분하지 않은 나라다.

어쩌면 미국과 같은 극단적 자유자본주의 국가에는 최저임금이라는 정책 자체가 뿌리 내리지 못할지도 모른다.

한편 많은 선진국에서 점차 인구 증가에 의한 경제성장을 기대할 수 없는 가운데 어떻게 하면 기업의 생산성을 높일 수 있는지, 어떻게 하면 기업의 경영에 좋은 영향을 줄 수 있는지 그 방법을 모색하고 있다. 신고전파 경제학의 단순하고 비현실적인 논리가 부정된 지금, 적절한 방식의 최저임금 인상 정책이 경제성장은 물론 노동계에서 여성의 활약, 사회 격차 회복, 복지 문제와 재정 문제에 이르기까지 여러 분야의 문제 해결에 크게 기여할 것이라는 기대를 모으고 있다. 제6장에서는 이러한 정책들을 도입할 경우 어떤 효과가 생길지 예상해보고자 한다.

제6장

생산성을
높여라

: 경제성장의 키스톤 :

패러다임 대변환 6
: 선순환을 가져오는 '키스톤' 정책 :

•

경제와 사회에 큰 영향을 미치는 급격한 인구 감소와 고령화에 대처하기 위해서 모든 기업이 임금 인하에서 임금 인상으로 전향하는 것이 불가피하다. 정부의 최대 과제는 이를 실현하기 위해 무엇을 어떻게 해야 할지 정책을 수립하는 것이다. 무엇보다 지속적인 최저임금 인상이 필요하다. 이를 실현하지 못하면 나라가 파산할지도 모른다.

앞으로는 고령화로 인해 무직자가 급격히 늘어날 것이다. 그들에게 연금으로 줄 예산이 필요하다. 고령자이기 때문에 의료 부담도 커지니 그에 따른 재원도 필요할 것이다.

반대로 노동을 통해 급여를 받는 세대는 급격히 줄어든다. 그렇다면 생산가능인구의 세금 부담이 커질 수밖에 없다. 이를 해결하기 위해서는 결국 이들의 급여를 늘려야 한다. 하지만 인건비 증가는 기업에 부담이 되기 때문에 이를 실현하기 위해서는 생산성 향상이 필수조건이 된다. 정책의 대변환이 필요하다.

구체적으로 계산해보자. 사회보장에 필요한 비용을 생산가능인구로 나누고 여기에 연간 평균 근로 시간(여기서는 2,000시간으로 한다)으로 나누면 '1인·1시간당 사회보장비 부담액'을 계산할 수 있다. 이것이 2018년에는 약 817엔이었지만, 2040년에는 1,642엔으로 다시 2060년에는 2,150엔까지 늘어나게 된다(여기서는 2040년까지 사회보장비가 190조 엔까지 불어나고, 그 후에는 제자리걸음을 보일 것으로 가정하고 있다). 지금의 최저임금으로는 도저히 감당할 수 없다.

그러나 비관할 필요는 없다. 일본의 인재 평가는 세계 4위로 매우 높은 반면 생산성은 낮아 인재의 잠재력이 발휘되지 않은 상태라는 걸 알 수 있다. 도표 6-1에서 볼 수 있듯이 일본의 생산성은 거의 모든 산업에서 미국에 비해 상당히 낮아지고 있다. 자동차를 비롯한 일본의 수출 기업은 우수하고 생산성도 높지만, 이는 일부 기업에 국한된 것이다. 특히 경제의 대부분을 차지하는 서비스업의 생산성이 매우 낮아 전체 생산성을 낮추고 있다.

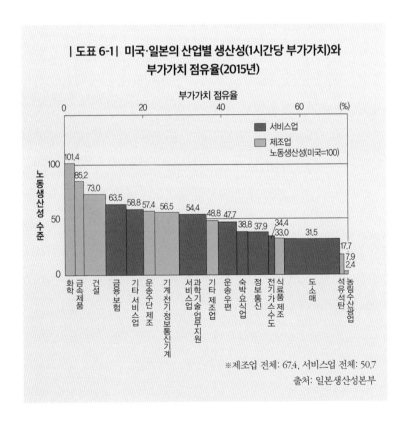

| 도표 6-1 | 미국·일본의 산업별 생산성(1시간당 부가가치)와 부가가치 점유율(2015년)

※제조업 전체: 67.4, 서비스업 전체: 50.7
출처: 일본생산성본부

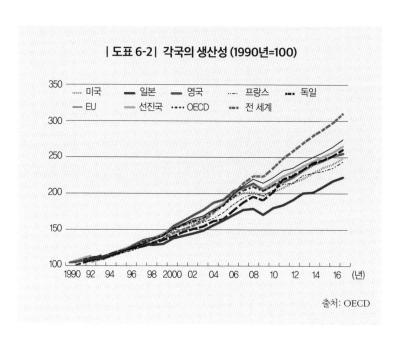

| 도표 6-2 | 각국의 생산성 (1990년=100)

출처: OECD

1990년대 들어 일본 산업의 생산성은 놀라울 정도로 낮아지고 있다. 그로 인해 일본 전체의 생산성이 부진한 것이다(도표 6-2). 일본의 생산성은 침체된 기간이 너무나 길고 다른 선진국과의 격차도 벌어지고 있다. 이 격차를 단순히 일본적 경영이나 일본형 자본주의의 문화로 정당화하거나 속일 수는 없다. 지금의 일본에게는 이를 해결하는 것이 몹시 시급한 과제다. 각 기업의 경영자들이 생산성 향상에 매진하도록 지원하는 정책이 시급한 것이다.

생산성 향상의 효과

제5장에서 설명했듯이 경제성장은 인구 증가와 생산성 향상에 의해 이루어진다. 일본의 경우 앞으로 인구가 감소하기 때문에 인구 증가 요인은 경제성장에 있어서 마이너스 요인이 된다. 인구가 줄어드는 만큼 경제가 축소되지 않도록 하려면 얼마나 생산성을 향상시켜야 할까? 계산에 따르면 매년 1.29퍼센트씩 생산성을 향상시켜야 한다.

이 계산은 의외로 간단하다. 우선 현재의 GDP를 현재의 생산가능인

| 도표 6-3 | 경제성장률별 생산성 향상률(엔)

년	경제성장률				
	0.0%	0.5%	1.0%	1.5%	2.0%
2017	7,237,887	7,237,887	7,237,887	7,237,887	7,237,887
2020	7,574,106	7,688,287	7,803,609	7,920,079	8,037,702
2025	7,848,119	8,167,593	8,498,388	8,840,848	9,195,322
2030	8,209,065	8,758,960	9,342,682	9,962,131	10,619,301
2035	8,765,568	9,588,909	10,484,912	11,459,584	12,519,390
2040	9,608,406	10,776,327	12,079,332	13,532,259	15,151,488
2045	10,386,505	11,943,158	13,723,595	15,758,636	18,083,157
2050	11,117,110	13,106,053	15,438,220	18,170,684	21,369,657
2055	11,813,952	14,279,254	17,242,784	20,801,986	25,072,735
2060	12,584,026	15,594,098	19,303,616	23,870,384	29,486,755
연평균향상률(%)	1.29	1.80	2.31	2.81	3.32

출처: 저자 작성

구로 나누어 생산가능인구 1인당 GDP를 계산한다. 그다음에 현재의 GDP를 2060년의 생산가능인구로 나누어, 현재의 GDP를 유지하기 위해서 필요한 1인당 GDP를 계산한다. 이 둘을 비교해서 43년 동안의 생산성 향상률을 계산하면 된다. 마찬가지로 GDP 성장률에 따라 필요한 생산성 향상률을 계산할 수 있다(도표 6-3). 계산하기는 쉽지만 산출된 생산성 향상률에 어느 정도 현실성이 있는지를 검증해야 한다.

보합세를 유지하려면 매년 1.29퍼센트의 생산성 향상이 현실적이라고 생각한다. 전 세계는 과거 50년 동안 매년 1.8퍼센트씩 생산성이 향상됐다. 따라서 매년 1.29퍼센트 향상은 불가능하지 않아 보인다. 또한 1990년 이후 G7의 평균 생산성 향상률도 1.4퍼센트였기 때문에

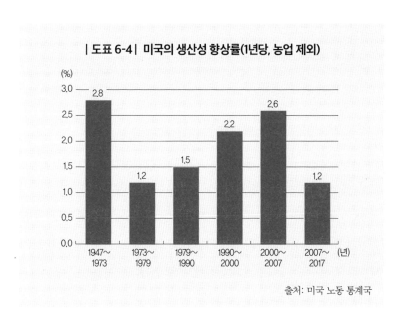

| 도표 6-4 | 미국의 생산성 향상률(1년당, 농업 제외)

출처: 미국 노동 통계국

일본에서도 충분히 실현 가능한 수준이다.

하지만 매년 1퍼센트의 경제성장을 실현하려면 일본에서는 매년 2.31퍼센트의 생산성 향상이 요구된다. 과거 50년의 세계 평균 생산성 향상률이 1.8퍼센트였으니 지금까지의 수준을 크게 넘어서는 생산성 향상이 필요하다. 실현하기 어려울 것이라고 생각할지도 모르겠다. 그러나 지금까지의 일본의 생산성이 너무 낮았던 것을 생각하면 이 생산성 향상률이 실현 불가능한 것은 아니라고 생각한다.

미국의 생산성은 1990년부터 2000년의 기간 동안 2.2퍼센트, 2000년부터 2007년의 기간 동안 2.6퍼센트 성장한 바 있다. 일본이 그동안 부진했던 생산성을 만회하기 위해 캐치업플랜(고부가가치 제품의 판매 확대를 통한 매출, 수익성 증대와 원가 및 에너지 절감을 위한 혁신활동 가속화를 통한 고강도 비용 절감 계획)을 하는 것이라고 해석한다면 현실성은 상당히 높다고 생각한다(도표 6-4).

인구 감소와 고령화 시대의 성장 동력

인구 감소의 악영향을 없애기 위한 생산성 향상은 전 세계적 관점에서 보면 불가능하지 않는 수준이지만 지금의 일본에게는 나름 꽤 큰 도전일 것이다. 1990년부터 2015년까지 25년간 일본은 평균 0.77퍼센트밖에 생산성을 향상시키지 못했기 때문이다(도표 6-5).

앞으로 일본은 큰 기회와 과제가 있다. 우선 기회부터 설명해보겠다. 도표 6-1에 있듯이 일본과 미국의 생산성을 업종별로 비교하면 화학 이외의 모든 업종에서 일본은 미국보다 생산성이 매우 떨어진다. 유럽과의 비교에서도 미국만큼 극단적이지는 않지만 같은 결과가 나온다. 도표 6-6에서 볼 수 있듯 일본의 생산성은 제조업이 독일의 88.7퍼센트, 서비스업이 65퍼센트다. 게다가 일본 산업의 80퍼센트 이상이 독일보다 생산성이 낮다. 그리고 생산성이 낮은 업종은 대체로 비정규직 비율이 높은 업종과 일치하는 것이 눈에 띈다. 몇 번이고 반복했지만, 일본은 생산성이 낮기 때문에 그만큼 성장가능성이 있

| 도표 6-5 | 인구 증가 요인과 생산성 향상 요인으로 본 경제성장률 (1990~2015년)

국가	인구 증가(%)	생산성(%)	경제성장(%)
전 세계	1.32	1.42	2.74
미국	0.98	1.40	2.38
EU	0.26	1.38	1.64
오스트레일리아	1.33	1.77	3.10
노르웨이	0.85	1.59	2.44
캐나다	1.02	1.26	2.28
영국	0.52	1.49	2.01
오스트리아	0.44	1.38	1.82
프랑스	0.53	0.95	1.48
일본	0.11	0.77	0.88
이탈리아	0.28	0.36	0.64

출처: 세계은행의 실질 GDP 자료를 기초로 저자 작성

다. 이것이 일본이 갖은 큰 기회다.

한편 큰 과제도 있다. 앞으로 일본을 둘러싼 환경은 생산성 향상의 역풍으로 작용할 것이다(도표 6-7). 그 역풍은 바로 40대 인구의 감소 다. 일본의 인구 동향을 보면 2015년까지는 40대 인구가 늘어나던 것 이 2016년부터 감소로 돌아섰다. 세계적으로도 40대는 가장 생산성 이 높은 세대이기 때문에 40대 인구가 늘어나면 생산성이 오르기 쉽

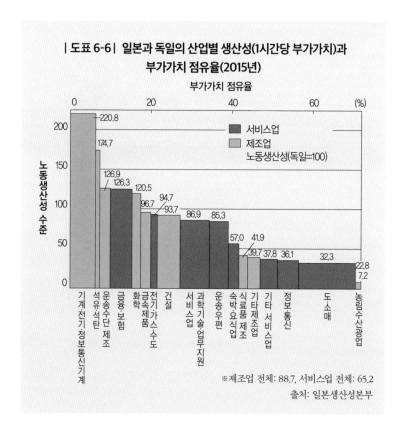

| 도표 6-6 | 일본과 독일의 산업별 생산성(1시간당 부가가치)과 부가가치 점유율(2015년)

※제조업 전체: 88.7, 서비스업 전체: 65.2
출처: 일본생산성본부

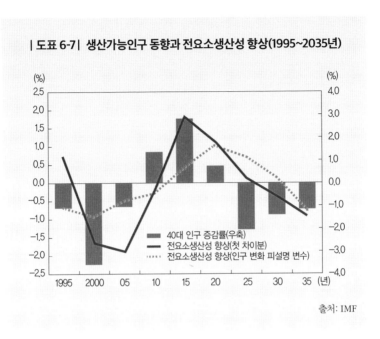

| 도표 6-7 | 생산가능인구 동향과 전요소생산성 향상(1995~2035년)

출처: IMF

다. 하지만 일본은 앞으로 이 세대가 줄어들기 때문에 대책을 세우지 않으면 생산성 향상에 마이너스 압력이 더욱 커질 것이다.

이런 역풍은 일본의 낮은 생산성을 다시금 압박하는 악순환의 구조를 만들지도 모른다. 이런 상황을 타파하고 바꾸기 위해서는 지금과 같은 일본식 경영이나 일본형 자본주의의 철학을 완전히 바꾸지 않으면 안 된다.

현실적으로 모든 기업이 일제히 임금 인상의 필요성을 깨닫고 임금 인상에 나설 수는 없을 것이다. 그렇기 때문에 정부에 의한 모종의 '강제'가 필수다. 특히 이제는 일부 기업이나 특정 산업뿐만 아니라 전

산업, 전 기업에 영향을 미치는 거국적인 정책을 펼쳐야 한다. 기업 경영자들이 찬성 혹은 반대의 선택조차 불가능한, 강제력을 가진 정책이 반드시 필요하다.

소득을 늘리는 정책

앞으로 GDP를 유지하려면 1인당 GDP를 크게 늘리지 않으면 안 된다. 이론상 평균 급여를 올리는 것이 필수적이다. 노동분배율을 낮추면 디플레이션 압력이 커지므로 인구 감소와 고령화 대국 일본은 노동분배율을 어느 정도 높이는 것이 중요하다. 노동자들의 급여가 올라가지 않으면 생산성의 지속적인 향상을 기대할 수 없다. GDP는 축소되고, 나라의 살림은 거덜 난다.

문제는 경영자가 자진해서 임금 인상에 나서기가 쉽지 않다는 점이다. 정부는 민간에서 '실천하도록 이끄는 정책적 고민'이 필요하다. 그에 대한 최선의 답이 '최저임금 인상'이다. 최저임금을 인상하지 않으면 전체 평균 급여가 증가하기 어렵기 때문에 GDP 증가를 위해서는 최저임금 인상이 아주 중요한 선택지가 된다.

줄곧 생산성 향상을 유도하기 위해 최저임금을 인상해야 한다고 주장했는데, 과연 일본 정부가 어느 수준까지 최저임금을 인상해야 할까? 다행히 이것도 충분히 계산할 수 있다.

우선 경제성장률에 따른 GDP 총액을 계산한다. 그다음 그것을 생

| 도표 6-8 | 목표 성장률을 달성하기 위한 최저임금(엔)

년	경제성장률				
	0.0%	0.5%	1.0%	1.5%	2.0%
2020	1,291	1,311	1,330	1,350	1,370
2025	1,338	1,392	1,449	1,507	1,567
2030	1,399	1,493	1,593	1,698	1,810
2035	1,494	1,634	1,787	1,953	2,134
2040	1,638	1,837	2,059	2,307	2,583
2045	1,770	2,036	2,339	2,686	3,082
2050	1,895	2,234	2,632	3,097	3,643
2055	2,014	2,434	2,939	3,546	4,274
2060	2,145	2,658	3,290	4,069	5,026
연평균인상률(%)	2.16	2.68	3.21	3.73	4.25

출처: 저자 작성

| 도표 6-9 | 경제성장률별 최저임금과 1시간당 복지 부담

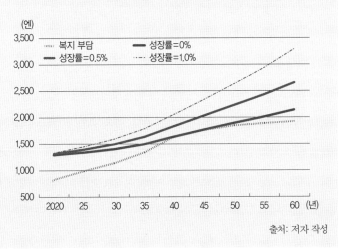

출처: 저자 작성

산가능인구로 나누어 경제성장률별 1인당 GDP를 산출한다. 격차사회를 어느 정도 시정하는 정책 효과를 포함하여 고려했을 때 최저임금은 1인당 GDP의 50퍼센트가 타당하다는 것이 세계적 공통된 인식이다. 이 계산으로 인구 감소 상황 속에서 지금의 GDP를 유지하려면 최저임금을 도표 6-8의 수준으로 인상해야 한다. 2030년을 예로 들면 1,399엔이 된다.

이것은 계산으로 얻은 이론값으로, 이 수준을 실현하지 못하면 목표로 하는 GDP 성장률도 달성하기 어렵다. 최저임금과 1시간당 복지부담을 비교하면(도표 6-9) 무엇보다 2040년까지는 최저임금을 인상하는 것이 매우 중요하다는 것을 알 수 있다.

다른 선진국과 비교했을 때 생산성을 최소 연 1.29퍼센트씩 올리는 것은 비현실적인 수준이 아니다. 그러나 일본에 그것을 가능하게 할 인재들이 있는지 확인해둘 필요가 있다.

일본의 인재 평가는 세계 4위다. 이는 인구가 많은 주요 선진국 중에서도 높은 순위다. 참고로 다음으로 높은 곳은 독일로 11위다. 나머지 상위 10위권 국가들은 모두 인구가 적은 나라들이다. 그들은 인구 소국이기 때문에 일반화하기 어려운 통계적 이상치가 나오기 쉽다. 하지만 반대로 생각하면 인구 대국임에도 불구하고 일본이 4위의 평가를 받은 것은 정말로 대단한 일이다.

평가대로라면 일본은 인재들의 역량을 잘 살려 인구 대국의 선진국 중에서도 최고 수준의 생산성과 소득수준을 실현했어야 한다. 하지만 그와 반대인 현실을 보면 그동안 인구 증가 요인에 따른 자연적인

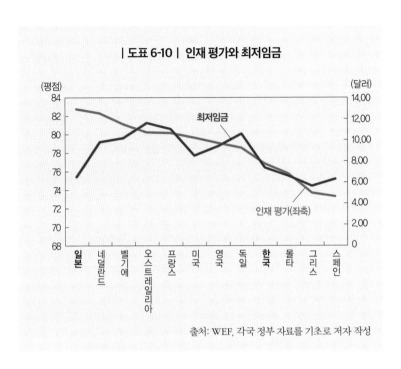

| 도표 6-10 | 인재 평가와 최저임금

(평점)

최저임금

인재 평가(좌축)

(달러)

일본　네덜란드　벨기에　오스트레일리아　프랑스　미국　영국　독일　한국　몰타　그리스　스페인

출처: WEF, 각국 정부 자료를 기초로 저자 작성

경제성장이 낮은 경영자들의 무능함이나 국민들의 안이함이 얼마나 만연했는지 여실히 드러난다.

많은 나라에서 생산성과 인재 평가 사이에 높은 상관관계가 나타난다. 또한 인재 평가와 최저임금과도 깊은 관계가 있다. 그러나 이상하게 일본은 인재 평가가 높은데도 불구하고 최저임금이 낮고 생산성도 낮다(도표 6-10). 이 현실을 다른 각도에서 보면 희망이 보인다. 생산성 향상을 위한 최저임금 인상 정책의 긍정적 효과를 만드는 인재들이 이미 존재한다고 볼 수 있으니 말이다.

최저임금 인상의 효과

내가 최저임금 인상이 효과적이라고 기대하는 이유는 강제력 때문이다. 직간접적으로 모든 기업에 영향을 줄 수 있고 기업부문을 움직이는 효과를 기대할 수 있기 때문이다. 그 장점은 다음과 같다.

1. 최저임금 인상과 기업 규모의 확대

제3장에서 수출과 생산성, 그리고 기업 규모의 상관관계, 제4장에서 기업의 규모와 생산성의 상관관계에 대해서 살펴보았다. 앞으로 일본 경제를 유지하기 위해서는 기업의 규모를 키울 필요가 있다는 것은 이미 이해했을 것이다. 실제로 기업 규모의 확대에도 최저임금이 기여하는 부분이 크다고 생각한다.

우수한 노동자를 저렴하게 조달할 수 있다면 기술개발에 대한 투자 의욕이 감퇴하고 노동자의 능력에 의존하는 경영을 하기 십상이다. 또한 좋은 기술 덕분에 응당 높은 급여를 주어야 고용할 수 있는 인재를 싸게 고용할 수 있다면 급여 지불 능력이 다소 떨어지더라도 회사를 설립할 수 있다. 그 결과 소규모의 기업이 많아지게 된다. 이는 실제로 1975년 이후 일본에서 일어난 현상으로 기업 수나 기업 한 회사당 직원 수 동향과 일치한다.

인건비가 높아지면 기업 규모가 작고 지불 능력이 부족한 기업에서는 인재의 능력에 걸맞은 급여를 지불할 수 없게 된다. 그 경우 기업의 규모에 따라 경쟁력이 크게 좌우되기 때문에 타사와 통합하여 규모를 키우고자 노력하게 된다. 그 과정에서 생산성 향상 효과는 절대적인 조건이 된다.

정부는 기업의 규모 확대를 돕는 정책을 만드는 것이 중요하지만 그 것만으로는 아무 효과가 없다. 제도를 활용하고자 하는 동기를 각 기 업에 주지 않으면 안 된다. 바로 최저임금의 인상이 기업의 규모 확대 와 생산성 향상을 위한 확실한 동기부여가 될 것이다.

2. 최저임금 인상과 디플레이션

최저임금을 인상함으로써 제1장에서 설명한 라스트 맨 스탠딩 전 략에 제동을 걸 수도 있다. 인구 감소에 따른 악영향을 받는 산업에서 는 수급의 균형이 깨져 가격경쟁이 시작된다. 그러면 경영자는 직원의 급여에 손을 대려고 한다. 즉 살아남기 위한 가격경쟁의 원천이 직원 의 급여가 되는 것이다.

경영자가 인건비에 손을 대더라도 거기에는 한계가 있다. 그 제한선 이 최저임금이다. 하지만 최저임금을 인상하면 무리한 가격경쟁이 불 가능하게 된다. 기업은 이익과 가격, 인건비를 조정할 수 있는데, 가격 을 낮춰도 급여를 내리지 못하면 경제가 성장하지 않는 이상 그 기업 은 덩치를 줄이거나 파산할 수밖에 없다. 그래서 국가가 최저임금을 올리면 수요자의 감소로 인해 받을 디플레이션 압력이 완화될 가능 성이 높다.

3. 최저임금 인상과 여성의 활약

아베 정권은 여성들의 활약을 핵심 정책 중 하나로 내세웠다. 여성은 국민의 절반이기 때문에 생산성 향상을 실현하기 위해서는 여성의 활약이 필수적이다. 선진국에서는 여성 활약의 과제를 일반적으로 세 가지로 구분한다. '유리천장(Glass ceiling)'과 '프로즌 미들(Frozen middle)'과 '스티키 플로어(Sticky floor)'가 그것이다.

유리천장이란 여성이 경력이 되어도 좀처럼 임원 같은 높은 자리로 승진하지 못하는 것을 말한다. 또한 여성이 임원 후보조차 되지 못하고 그 전 단계인 중간 관리직에서 승진이 멈추는 것을 프로즌 미들이라고 한다. 스티키 플로어는 계속 최저임금으로 일하면서 거기서부터 위로는 아예 올라가지 못하는 것을 말한다. 일반적으로 여성의 활약이라고 표현할 때 일반적인 과제는 유리천장을 가리키는 경우가 많다.

제5장에서 설명한 것처럼 전 세계적으로 최저임금으로 일하는 노동자 중 가장 많은 이들이 여성이다. 그렇기 때문에 여성의 활약에 가장 중요한 정책이 사실상 최저임금 인상이다. 아베 정권이 진정으로 여성의 활약을 본격적으로 지원하고 싶다면 가장 먼저 효과를 볼 수 있는 최저임금 인상을 단행해야 한다.

당연히 최저임금을 인상한다면 이른바 '150만 엔의 벽(배우자가 있는 여성의 연소득이 150만 엔 이하일 경우 면세 혜택을 받을 수 있는 금액으로, 사실상 여성이 정규직보다는 파트타임 업무를 하는 것이 유리하게끔 만들어 여성의 일할 능력을 앗아간 정책이다)'을 철폐하는 것이 중요하다. 나아가 가능하다면 전업 주부를 우대하는 정책 자체를 중지하고, 자녀의 수를 기초로 그 수에 따라 우대하는 저출생 대책을 취하는 것이 바람직할 것이다.

4. 최저임금 인상과 격차사회

제5장에서 설명한 바와 같이 최저임금은 격차사회를 시정하기 위한 정책이기도 하다. 일본은 전통적으로 격차 확대를 긍정하는 나라가 아님에도 이미 큰 격차가 벌어져 있다. 일본의 격차는 상당히 높은 수준으로 유럽보다도 커서 미국의 뒤를 잇는 격차 대국이다.

OECD가 지적했듯이 상위층의 소득이 늘어남에 따라 격차가 벌어지면 경제성장에 큰 타격을 미치지 않지만 하위층의 소득이 낮아지면 곧바로 경제성장에 악영향을 미친다.

일본의 경우 상위층의 소득 상승보다는 명백하게 소득이 낮은 노동자가 늘어나는 형태로 격차가 확대되어왔다. 영국의 사례에서 보듯 격차사회를 완화하는 지름길은 최저임금의 인상이다. 현재 일본의 최저임금 수준은 낮기 때문에 이를 큰 폭으로 올리면 큰 성과를 기대할 수 있다.

쉽게 설명하면 일본의 생산성은 영국의 96.7퍼센트로 거의 비슷하고, 심지어 인재 평가는 영국이 세계 19위, 일본이 4위로 영국보다 더 높게 평가됐다. 그런데도 일본의 최저임금은 영국의 69.3퍼센트밖에 되지 않는다. 이것을 어떻게 정당화할 수 있을까?

5. 최저임금 인상과 지방 재생

미국은 주별로 최저임금을 도입하고, 유럽은 대체로 전국 단위로 최저임금을 일률적으로 정하는 것이 기본이다. 영국도 처음에는 지역별로 최저임금을 도입해야 한다는 논의가 있었지만 최종적으로는 전국 동일임금으로 결정됐다. 일본은 현행 지방정부별로 최저임금을 정하고 있다. 즉 미국형에 가까운 제도다. 일본에서는 해외 사례라고 하면 미국 사례를 떠올리는 사람이 많으므로 여러 분야에서 미국을 모방한 제도가 도입되는 경우가 많다.

그러나 미국은 인구가 3.2억 명이 넘고 국토도 넓은데 미국의 조건과 다른 일본이 미국과 유사한 제도를 도입하는 이유는 과연 무엇일까? 또한 미국은 연방제 국가이기 때문에 최저임금도 주별로 설정되어 있지만, 일본은 연방제가 아니다. 굳이 미국을 흉내 내려는 이유를 모르겠다. 일본은 국토도 좁고 교통망이 잘 정비되어 있다. 인구도 미국의 3분의 1이 조금 넘는 정도다. 이런 나라에서 최저임금을 지방정부마다 제각각 설정하면 노동자는 최저임금이 낮은 곳에서 가장 높은 도쿄로 몰려드는 것이 너무도 당연한 순리다.

지방별 최저임금과의 상관관계를 가장 잘 보여주는 자료는 지방별 총인구수다. 최저임금이 낮은 수준으로 오랜 기간 방치된 곳에서는 서서히 사람이 빠져나가 줄어든 흐름을 엿볼 수 있었다. 또한 2040년 시점의 지방정부별 예측 인구와 현재의 지방정부별 최저임금을 살펴보면 더욱 더 그 상관관계가 커진다는 것을 알 수 있다. 이를 통해 최저임금을 지방별로 설정하면 그로 인해 지방 경제가 더욱 더 피폐해질 것이라는 가설을 세울 수 있다(도표 6-11).

어쩌다 이 지경이 됐을까? 아마도 원래 경제기반이 약한 지방은 생산성의 3대 원칙에 근거하여 현실론에 따라 낮은 최저임금을 설정했을 것이다. 그 결과 노동력의 유출을 초래하고 말았다. 하지만 그럴수록 경제기반이 더 약해져 더욱 최저임금을 억제할 수밖에 없었을 것이다. 그러다 보니 이런 악순환이 생긴 것으로 보인다. 이러한 악순환에서 벗어나기 위해서라도 최저임금을 전국 일률적으로 통일할 것을 진지하게 검토해야 한다.

앞서 설명한 것처럼 영국은 최저임금을 전국 일률적으로 동일한 금액으로 도입했다. 도입 시에는 당연히 지방에 따라서는 도입 전 당시임금 수준을 기준으로 볼 때 그 인상률이 높거나 낮은 현상이 있었다. 하지만 실제로는 고용에 대한 악영향이나 지방 경제에 대한 악영향을 염려할 정도는 아니었다.

최저임금을 효과적으로 잘 인상하고, 동시에 지방 재생을 통해 지역경제를 응원하는 정책을 동시에 구축하는 것이 가장 합리적이다. 경제기반이 약한 지방에서 최저임금을 낮게 설정해놓고 별도의 지방재생이나 지방활성화정책을 내거는 것은 정책들이 모순된다고 하지 않을 수 없다.

6. 최저임금 인상과 저출생

내가 일본에 산 지도 벌써 30년 이상이 지났다. 그동안 일본에 익숙해졌지만 그럼에도 눈에 띄는 일본만의 공통된 특징이 있다. 그것은

| 도표 6-11 | 최저임금과 인구 감소율

지역	최저임금(엔)	총인구(만 명)		
		2010년	2040년	감소율(%)
도쿄	985	1,315.9	1,230.8	-6.5
가나가와	983	904.8	834.3	-7.8
오사카	936	886.5	745.4	-15.9
사이타마	898	719.4	630.5	-12.4
아이치	898	741.1	685.6	-7.5
치바	895	621.6	535.8	-13.8
교토	882	263.6	222.3	-15.7
효고	871	558.8	467.3	-16.4
시즈오카	858	376.5	303.5	-19.4
미에	846	185.4	150.7	-18.7
히로시마	844	286.1	239.1	-16.4
시가	839	141.1	131.0	-7.2
홋카이도	835	550.6	418.9	-23.9
도치기	826	200.7	164.3	-18.1
기후	825	208.1	165.9	-20.3
이바라키	822	297.0	242.3	-18.4
도야마	821	109.3	84.1	-23.1
나가노	821	215.3	166.8	-22.5
후쿠오카	814	507.2	437.9	-13.7
나라	811	140.0	109.6	-21.7
야마나시	810	86.3	66.7	-22.7
군마	809	200.8	162.9	-18.9
오카야마	807	194.5	161.0	-17.2
이시가와	806	117.0	97.5	-16.7
니가타	803	237.5	179.2	-24.5

지역	최저임금(엔)	총인구(만 명)		
		2010년	2040년	감소율(%)
후쿠이	803	80.6	63.3	−21.5
와카야마	803	100.2	71.9	−28.2
야마구치	802	145.1	107.0	−26.3
미야기	798	234.7	197.2	−16.0
가가와	792	99.6	77.3	−22.4
후쿠시마	772	202.9	148.5	−26.8
도쿠시마	766	78.5	57.2	−27.1
시마네	764	71.8	52.1	−27.4
에히메	764	143.2	107.4	−25.0
야마가타	763	116.9	83.6	−28.5
아오모리	762	137.3	93.2	−32.1
이와테	762	133.0	94.7	−28.8
아키타	762	108.6	69.9	−35.6
돗토리	762	58.8	44.0	−25.2
고치	762	76.4	53.7	−29.7
사가	762	84.9	68.1	−19.8
나가사키	762	142.7	104.9	−26.5
구마모토	762	181.8	146.7	−19.3
오이타	762	119.7	95.6	−20.1
미야자키	762	113.6	90.1	−20.7
오키나와	762	139.4	136.9	−1.8
가고시마	761	170.6	131.4	−23.0

출처: 일본 국립 사회보장·인구문제연구소 '일본장래추계인구
(2012년 1월 추계, 출생 중위·사망 중위 추계)',
총리 관저 사회보장제도 개혁추진본부 '도도부현별장래추계인구(후생노동성 제출 자료)'

어떤 것에 대해 표면적으로 불평하지는 않지만 진심으로 납득하고 받아들이지 않는 경우가 많다는 것이다. 뭔가 바꾸려고 할 때 그 일에 대해 어떠한 의견도 내지 않다가 막상 바뀌고 나면 그제야 비로소 속마음을 드러낸다. 그런 태도에 놀란 적이 자주 있었다.

일본의 이런 특징은 저출생이 진행되는 사회현상과도 깊은 관계가 있다고 생각한다. 대부분의 일본인들은 학교에서 열심히 공부하고 사회에 나간다. 그러나 사회생활도 어느 하나 쉬운 것이 없고, 열심히 일을 해도 받을 수 있는 급여가 상당히 적다. 즐거울 일도 별로 없다. 게다가 노후생활에도 불안이 가득하다. 이런 어려운 생활을 하다 보면 아이를 낳고 키울 금전적 여유가 없을 뿐만 아니라 이런 현실에서 내 아이가 비슷한 꼴을 당하게 하고 싶지 않다는 생각까지 든다. 나아가 굳이 말로 불평하지는 않지만, 지금의 사회 제도에 대한 일종의 저항심리로 아이를 낳지 않겠다고 선택하는 사람들도 상당수 있을 것이다. 그렇기 때문에 최저임금을 인상하면 최저임금을 받는 계층 바로 위의 차상위계층에도 단계적 효과가 나타나 어느 정도 저출생 문제 완화에 도움이 되지 않을까 생각한다.

최저임금을 어떻게 올릴 것인가

제5장에서 설명한 것처럼 최저임금을 인상하면 반드시 기업의 도산이 늘고 실업자가 거리에 넘쳐날 것이라는 신고전파 경제학의 가설은

실물경제에서 일어난 사실들로 인해 이미 부정됐다. 실제로 최저임금을 인상해보고 알게 된 것은 최저임금을 인상하면 고용이 희생될 것이라는 단순하고 간단한 예측이 옳지 않다는 점과 최저임금의 인상 방식이 중요하다는 것이었다.

일본은 경제를 살리고 고령자를 지키기 위해 반드시 생산성을 향상시켜야 한다. 최저임금 인상은 고용에 미치는 악영향이나 기업의 도산과 같은 부작용을 피하면서 모든 경영자들을 진지하게 생산성 향상에 임하도록 이끌 수 있다는 점에서 효과적이라고 할 수 있다.

영국을 비롯한 다른 나라에서도 최저임금 인상에 대해 반대하는 경영자들의 목소리가 많았다. 이런 반발은 당연한 것이다. 오히려 경영자의 반발이 일어나지 않는다면 그 인상폭이 아직 적다는 증거일 것이다.

최저임금의 인상은 경영자가 기업의 생산성 향상에 대해 진지하게 고민하기 시작할 정도의 충격을 주는 것이 딱 좋으며 기업의 도산이 증가하거나 실업자가 대량으로 발생하지 않을 정도가 효과적이다. 최저임금의 인상 자체가 목적이 아니기 때문에 급격한 인상은 부작용만 낳을 뿐이다.

해외의 사례를 살펴보면 정부가 최저임금의 중기적인 전망을 제시했다. 가령 영국은 몇 년 전부터 2020년까지 어느 정도로 최저임금을 올릴 것인가에 대한 전망을 발표해왔다. 경제전망이 바뀌면 최저임금 인상 전망도 수정했다. 즉 경영자에게 비즈니스 모델을 변혁하는 데 필요한 정보를 주는 것이다. 생산성 향상은 기술혁신, 설비투자, 그리고 직원의 재교육도 필요하기 때문에 단기적으로 되는 것이 아니다. 정부는 이 점을 고려해서 중기 전망을 발표하는 것이 바람직하다.

인상폭도 충분히 계산할 수 있다. 앞으로는 인구가 증가하지 않을 것이라는 인구 동향도 대략적으로 예측이 가능하므로 달성하고자 하는 경제성장률을 설정하면 어느 정도의 생산성 향상이 요구되는지 바로 계산이 가능하다. 그에 따라 생산성 향상을 실현하기 위한 최저임금 인상폭도 계산할 수 있다.

필요한 GDP를 생산가능인구로 나누면 노동생산성을 계산할 수 있다. 이를 바탕으로 예를 들어 최저임금의 이상적인 수준을 1인당

| 도표 6-12 | 경제성장률별 필요한 최저임금 인상률(%)

년	경제성장률				
	0.0%	0.5%	1.0%	1.5%	2.0%
2025	6.27	6.87	7.49	8.09	8.70
2030	4.00	4.56	5.13	5.69	6.25
2035	3.20	3.75	4.30	4.84	5.39
2040	2.90	3.43	3.97	4.51	5.05
2045	2.65	3.18	3.71	4.25	4.78
2050	2.45	2.98	3.51	4.03	4.56
2055	2.28	2.81	3.33	3.86	4.38
2060	2.16	2.68	3.21	3.73	4.25

출처: 저자 작성

GDP의 50퍼센트로 가정한다. 그리고 현행 최저임금을 언제까지 목표 금액으로 올릴 것인지를 결정하면 연 몇 퍼센트를 올려야 할지 계산이 나온다(도표 6-12).

한 해 인상폭은 영국 등 다른 나라의 전례를 감안하면 최대 10퍼센트 이하로 하는 것이 바람직하다. 현실적으로 생각하면 처음에는 5퍼센트가량 인상하고, 나머지는 영국처럼 해에 따라서 3퍼센트에서 10퍼센트 선으로 인상하는 것이 이상적이다.

다른 나라처럼 정부가 면밀하게 경제 모델을 수립하여 슈퍼컴퓨터로 계산해보면 이론치는 손쉽게 구할 수 있다. 일본은 2040년에 사회보장 부담이 절정에 달하기 때문에 이를 고려해 연간 4퍼센트에서 6퍼센트 사이가 바람직하지 않을까 생각한다.

지금까지 일본의 최저임금 인상률을 보면 1976년 이후 연평균 3.1퍼센트였다. 인플레이션을 감안하여 조정하면 단 1.28퍼센트에 불과했다. 이래서는 생산성이 오르지 않는다. 2018년의 최저임금 인상 역시 미흡했다. 기존과 거의 동일한 인상폭이었기에 그 효과는 턱없이 부족하다. 이미 오랫동안 노동분배율이 낮은 수준에 머물러 있었는데, 비슷한 수준의 인상폭으로는 노동자들의 의욕이 생기지 않는다.

무엇보다 근본적인 문제는 경영자들의 반발의 목소리가 그다지 크지 않다는 것이다. 경영자들이 반발하지 않는다는 것 자체가 인상폭이 충분히 높지 않다는 증거다. 앞으로는 적어도 5퍼센트는 올려야 할 것이다.

경제정책으로서의 최저임금

생산성 향상을 실현하기 위해 일본은 최저임금의 정책상 위치를 조정해야 한다. 해외에서는 최근 15년간 최저임금을 사회정책이나 복지정책이 아닌 경제정책으로 바라보는 인식이 점진적으로 자리를 잡았다. 생산성과 최저임금은 상당한 상관관계가 있는데, '최저임금이 생산성을 반영한다'는 기존의 관념을 버리고 반대로 최저임금을 먼저 인상하고 생산성을 향상시키는 과제에 도전하고 있는 것이다. 그리고 놀랍게도 의도한 대로 성과가 나오고 있다.

그런데 최근 누군가의 지적을 통해 깨달은 것이 있다. 바로 일본에서는 최저임금을 사회정책으로 바라본다는 사실이었다. 최저임금 설정과 인상을 경제정책으로 바라보는 유럽과는 달리 일본의 최저임금은 경제정책의 범주가 아니었다. 이 사실은 큰 의미가 있다.

일본에서 최저임금은 후생노동성의 소관 사항이다. 후생노동성의 관할은 복지다. 좀 더 넓은 의미로 표현하면 사회정책이다. 영국에서 최저임금을 담당하는 '저임금위원회(The Low Pay Commission)'는 일본으로 말하자면 경제산업장관의 관할로, 이미 영국에서는 최저임금이 경제정책으로 자리매김했다는 것을 알 수 있다.

일본이 최저임금을 사회정책으로 인식하고 처우하는 것은 일본생산성본부의 생산성 3원칙 중 '성과의 공정한 분배'의 일환이기 때문일 것이다. 거듭 강조하지만 일본생산성본부는 성과의 공정한 분배에 대해서 다음과 같이 선언했다.

"생산성 향상의 여러 성과는 경영자, 노동자 및 소비자에게 국민경제의 실정에 따라 공정하게 분배되는 것으로 한다."

즉 임금은 사후적으로 분배되는 것이라고 생각하는 것이다.

또한 첫 번째 원칙인 '고용의 유지·확대'에 대해서는 "생산성의 향상은 궁극적으로 고용을 증대하는 것이지만, 과도한 잉여 노동력에 대해서는 국민경제적 관점에서 가능한 한 배치 대전환 및 기타의 방법에 의해 실업을 방지하도록 민관이 협력하여 적절한 조치를 강구하도록 한다"라고 되어 있다. 요컨대 최저임금 인상은 실업자가 발생하지 않는 선에서 향상시킨 생산성의 성과를 분배하는 정도에 불과하다는 것이 근저에 깔려 있는 것이다. 경제정책에 의해 얻은 성과를 공정분배하자는 것인데, 노동자 보호 정책의 요소가 강하다고 볼 수 있다.

인구 증가에 따른 성장 요인이 마이너스로 바뀌는 패러다임의 대변환 속에서 생산성 향상을 위해 정책을 실행하는 것이라면 우선 최저임금의 위상을 결과론적인 사회정책이나 복지정책에서 경제정책의 핵심에 둘 필요가 있다. 그런 면에서 경제산업성은 경영자 편, 후생노동성은 노동자 편이라는 인식은 바람직하지 않다.

일본의 최저임금이 낮은 이유

다음으로 왜 일본의 최저임금이 이토록 낮은 것인지 그 원인에 대해 살펴볼 필요가 있다. 그 원인 중 하나로 최저임금을 후생노동성 관할에 둔 정책상 방침을 들 수 있다. 일본의 최저임금은 세계적으로 낮은 수준으로, 절대 수준의 구매력평가 기준으로 보면 선진국 중 최저 수준을 기록하는 스페인과 크게 다르지 않다.

일본의 최저임금은 현재 1인당 GDP의 34.9퍼센트로, 선진국 중에서 최하위급이다. 미국은 약 26퍼센트, 유럽은 약 50퍼센트다(도표 6-13). 영국은 최저임금을 2020년까지 소득의 중앙값에서 60퍼센트라는 인류 역사상 누구도 시도한 적 없는 미지의 수준까지 끌어올리겠다는 의지를 표명하고 있다.

일본은 최저임금을 낮은 수준으로 억제한 결과 사회적 격차가 커지고 있다. OECD의 분석이 시사하는 것처럼 격차가 경제성장에 미치는 악영향이 큰데도 말이다. 그렇기 때문에 일본의 최저임금이 왜 이렇게 낮은 것인지, 그것이 과연 바람직한 것인지에 대해 생각해볼 필요가 있다.

후생노동성 홈페이지에는 최저임금에 대해 다음과 같이 쓰여 있다.

"최저임금은 최저임금심의회(공익대표, 노동자대표, 사용자대표의 각 동수 위원으로 구성)에서 임금의 실태조사 결과 등 각종 통계자료를 충분히 참고하여 심의를 통해 결정한다."

"지역별 최저임금은 (1)노동자 생계비, (2)노동자의 임금, (3)통상적인 사업의 임금 지불 능력을 종합적으로 감안하여 정하며 노동자의 생계비를 고려하는 데 있어서는 노동자가 건강하게 문화적인 최저한도의 생활을 영위할 수 있도록 생활보호에 관한 시책과의 정합성을 배려하도록 결정한다."

| 도표 6-13 | 각국의 최저임금과 인재 평가 순위

국가	1인당 GDP에 대한 최저임금 비율(%)	인재 평가 순위
뉴질랜드	56.9	6
폴란드	53.8	30
호주	50.8	18
프랑스	50.0	17
영국	49.9	19
스페인	46.9	45
캐나다	46.1	9
벨기에	45.9	10
독일	45.9	11
그리스	45.1	44
불가리아	44.2	43
크로아티아	44.1	39
태국	43.2	48
한국	42.7	32
네덜란드	42.1	8
헝가리	41.5	33
이스라엘	38.6	23
인도	38.0	105
대만	38.0	—
브라질	37.4	83
일본	34.9	4
포르투갈	33.4	41
미국[※]	26.2	24

※ 미국에서 최저임금으로 일하는 인구 비율은 매우 낮음
출처: WEF(2016년), 각국 정부 자료를 기초로 저자 작성

여기서 '노동자가 건강하게 문화적인'이라는 부분은 헌법에 명문화된 내용을 반영한 것이다.

임금은 성과의 분배인가, 인재 평가인가

위 표현에서 궁금한 것은 '통상적인 사업의 임금 지불 능력'이라는 표현이다. 임금 지불 능력을 어떻게 측정하는지가 궁금하고, 또 가장 중요한 부분이다.

우선, 기업의 임금 지불 능력을 어떤 통계를 사용하여 판단하는지가 매우 중요하다. 통계를 어디까지 믿을 수 있는가 하는 문제는 차치하더라도 기업의 임금 지불 능력을 쉽게 파악할 수 있을 것이라고는 생각하지 않는다. 동시에 어디까지 감안해야 하는지에 대해서는 별도의 논의가 필요하며 이 심의회에서 그런 판단이 가능하다고도 생각하지 않는다.

그래서 아마도 최저임금은 사실상 가장 체력이 약한 기업의 임금 지불 능력에 맞추어 설정된 것이 아닌가 하고 추측한다. 그 이상의 수준으로 설정하는 것은 경제 전반에 관한 판단이 되어 사회정책을 뛰어넘는 경제정책이 되기 때문이다. 이는 후생노동성의 업무 범위를 넘어서는 월권 행위가 된다.

이러한 추측을 뒷받침하는 문서가 있다. 2018년도 제50회 중앙 최저임금 심의회 자료 중 2018년 6월 15일자 〈경제 재정 운영과 개혁의 기본 방침 2018〉에는 다음과 같은 글이 있다.

"또한 경제의 선순환 확대를 위해서는 생산성 향상을 분배 면에서도 강력하게 계속적인 임금 상승, 소득의 확대로 이어지도록 하여 디플레이션 탈피를 확실히 할 필요가 있다. 나아가 성장의 과실을 도시에서 지방, 대기업에서 중소기업으로 파급시키는 동시에 다양한 근로 방식하에서 일하는 젊은이나 고령자나 여성이나 남성이나 장애와 난치병이 있는 이들이나 한 번의 실패를 경험한 사람일지라도 누구나가 활약할 수 있는 사회를 실현하는 것이 필수적이다."

역시 경제 상황과 결과를 확인한 후에 과실을 분배한다는 점에서 사후적인 대응으로 일관한다는 것을 알 수 있다. 일본생산성본부가 말하는 성과의 분배와 같은 맥락이다.

그러나 이러한 사고방식에는 근본적인 문제와 한계점이 있다. 이러한 생각은 벌어진 현상을 사후에 추인하는 것에 지나지 않다는 것이다. 기업은 생물이므로 지불 능력이 달라질 수 있다. 여기에는 자극하기에 따라서 지불 능력을 높일 수도 있다는 발상이 없다. 어디까지나 지금의 지불 능력이 변하지 않고, 바꿀 수 없다는 것을 전제로 하여 그 틀 안에서 결정한다는, 지극히 발전성이 없는 개념이다. 자료로부터 추측하건대 '경영자를 도전적으로 자극하는 힘이 있다', '생산성을 높일 수 있는 힘이 있다'라는 이른바 최저임금 인상의 가능성을 전혀 인식하지 못하는 것 같다.

무엇보다 최저임금이 후생노동성 관할이라는 사실이 그 한계를 드러낸다. 생산성 향상 정책은 경제산업성의 관할이므로 후생노동성이 간섭하면 월권 행위가 되기 때문에 후생노동성이 할 수 있는 것은 현재 성과의 분배밖에 없을 것이다. 그렇기 때문에 앞으로의 최저임금을 복지정책이나 사회정책이 아닌 경제정책으로 인식하여 관할 부처를 바꾸는 것이 무엇보다 시급하다.

바꾸지 않으려는 관성

생산성 향상을 위해 최저임금 인상을 주장하는 이유에는 한 가지가 더 있다. 일본인들은 결코 스스로 변하려고 하지 않기 때문이다.

계산기를 두드려보면 분명히 지금의 일본 경제의 정책을 바꾸지 않으면 나라가 망한다는 것을 알 수 있는데, 이 문제에 본격적으로 나서는 이들이 별로 없다는 느낌이 강하다. 전 세계적으로 그 누구보다도 개혁이 필요한데 말이다. 그런 의미에서 어정쩡한 선진국인 일본은 가장 개혁하기 어려운 나라다.

누군가가 '일본인의 바꾸지 않는 힘은 정상이 아니라 이상한 것이다'라고 말한 적이 있는데 완전히 공감한다. 그동안 금융업계, 문화재업계, 관광업계에 종사하면서 아무리 작은 개혁이라도 반대의 소리만 나올 뿐 좀처럼 추진되는 것을 본 적이 없었다.

이 정도의 위기에 직면하고서도 스스로 바꾸려고 하지 않는 것은 상식적으로는 이해할 수 없는 일이다. 이상하다고밖에 표현할 말이 없다.

왜 이렇게도 완고하게 변하려 하지 않는 걸까? 변하거나 바꿀 필요가 없다고 주장하는 사람들은 대체로 이런 이유를 내세운다.

"일본은 세계 3위의 경제대국이다."

"전후 일본 경제는 크게 성장해왔다."

"일본은 기술 대국이다."

"일본은 특별한 나라다."

"일본의 방식은 옳으며 바꿀 필요도 없다."

그럼에도 '바꿀 필요가 있다'고 지적하면 다음과 같은 반론이 돌아온다.

"돈보다 더 소중한 것이 있다."

"전례가 없다."

"외국과의 비교는 가치관의 강요다."

"지금까지 해온 방식은 일본만의 문화다."

"보이지 않는 가치가 있다."

"자료를 강조하는데, 자료는 필요 없다."

심지어 솔직하게 속마음을 털어놓는 사람들은 '나는 더 이상 노력할 생각이 없다'라고 말한다.

벽창호라고 할 만큼 완고한 의견을 가진 사람이 적지 않은 것은 일본인의 평균 연령이 높아지는 데 그 원인이 있다고 설명하는 사람도 있다. 특히 인간은 40세를 넘기면 사고와 행동을 좀처럼 바꾸려고 하지 않고, 새로운 생각을 받아들이지 않는 경향이 있다. 일본 국민의 평균 연령이 40세에 가까워지면서 사회 전체가 변하기 어려워지고 있다는 설명이다. 어쨌든 중요한 것은 완고할 정도로 변하지 않고 바꾸려 하지 않는 일본이라는 나라를 어떻게 움직일 것인가 하는 점이다. 그동안 일본 기업이 생산성을 향상시키는 방향으로 스스로 움직이지 않았다는 것만으로도 정책의 필요성을 절감할 수 있다. 반드시 정책으로 강제해야 한다. 그러기 위해서는 최저임금 인상이 최선이다.

경제성장이 욕심의 문제일까

여기서 또 한 가지 일본이 안고 있는 문제가 드러난다. 일본식 자본주의를 추앙하는 사람들은 일본인들이 돈에 대해 욕심이 없다고 주장한다.

인구 증가 요인에 의해 경제가 자연적으로 성장했을 때는 개인에게 경제적 욕심이 없어도 문제될 것이 없었다. 그러나 인구가 감소하는 환경에서 경제적 욕심이 없는 이들이 이끄는 경제는 생산성을 향상시키지 않고서는 절대로 유지하거나 성장시킬 수 없다. 지속가능한 성장이 불가능한 것이다.

생산성을 향상시킬 수밖에 없는 환경에서 경제 주체들이 경제적 욕심이 없다면 당연히 경제는 추락할 수밖에 없다. 인구가 증가하지 않는 나라의 경제는 의도적으로 성장시킬 필요가 있다. 즉 경제 주체들의 '욕심'이 필요하다. 그렇기 때문에 패러다임 대변환에 대한 인식이 필요한 것이다. 향후 생산가능인구 1인당 한 명의 노인을 부양할 능력이 요구된다. 지금은 둘이서 한 명을 부양하고 있기 때문에 지금보다 두 배의 욕심이 필요하다.

　무엇보다 궁금한 건 빈곤으로 고통을 받는 사람들의 진심이다. 일본인은 욕심이 없다는 말에 동조해 그들도 자신들이 가난한 것을 미덕으로 생각하는지 궁금하다. 개인적인 욕구나 욕심은 그렇다 치더라도 사회적 빈곤 문제를 해결하기 위해서는 역시나 최저임금의 역할이 필요하다. 개인들은 욕심이 없으니 그럴수록 대신 정부가 욕심을 내어 미래의 사회보장비 확보를 위해서 억지로라도 돈을 버는 정책을 취해야 한다. 그 정책이 최저임금 인상이다.

　경제산업성 회의에서 이런 이야기가 나왔다. 경제산업성의 조사에 따르면 라면 가게의 경우 라면이 잘 팔리더라도 3~5개의 매장을 내면 그 이상 점포를 늘리려 하지 않는 경우가 많다고 한다. 3~5개 정도 매장이 있으면 사장은 벤츠를 타고 롯폰기에서 마음대로 놀 수 있을 만큼의 수입이 충분히 나오기 때문에 굳이 그 이상 매장을 늘리지 않는다는 것이다. 욕심이 없다고 하니 욕심이 없어서 그런 것이리라.

　그렇다면 여기서 최저임금을 인상한다고 가정해보자. 최저임금을 인상하면 라면 가게 직원들의 급여가 인상된다. 라면 가격을 올려서 전가할 수 없다면 이익이 줄어들 수밖에 있다. 그럼 사장은 벤츠를 계속 탈 수 없을지도 모른다. 그러니 벤츠를 계속 타고 다니려면 매장을 더 늘려야 한다는 당연한 욕심이 생기고 단위 매장의 생산성을 높여야겠다는 동기도 생긴다.

　중요한 것은 자기중심적이고 욕심이 없는 사장이라도 최저임금을 올림으로써 행동을 유도할 수 있다는 것이다. 이런 사장은 최저임금을 인상하면 코너에 몰려 직원을 줄일지도 모른다고 우려의 목소리를 낼 수도 있다. 하지만 일본의 노동력 부족 현상은 점점 더 심각해질 뿐 단기간에 완화될 문제가 아니기 때문에 고용에 미칠 악영향은 큰 문제가 되기 어렵다.

최저임금 인상과 수출

수출촉진정책과 기업 규모 확대 정책의 필요성을 앞서 제3장과 제4장에서 설명했다. 이 두 가지 정책을 효과적으로 활용하기 위한 동기부여도 고려할 필요가 있다.

지금까지 수출 촉진을 위해서 정부는 쿨재팬(일본 정부의 대외 문화 홍보, 수출 정책의 일환) 전략을 실행하거나 해외 전시회 참가를 지원해왔다. 그러나 이것만으로는 수출로 이어지기 어렵고, 그 지원 정책에 참여한 기업들을 살펴봐도 수출 사업의 지속성이 별로 없다.

대부분의 일본 기업들은 수출을 심각하게 고려하지 않는다. 그뿐만 아니라 제3장에서 소개했듯이 지속적으로 수출할 정도의 규모를 확보한 기업이 극히 적다. 이런 상황에서는 어떤 정책을 펼쳐도 효과를 보기 어렵다.

하지만 최저임금을 지속적으로 올림으로써 인건비 증가분을 흡수하기 위한 방법을 마련하도록 기업들을 다그칠 수 있다. 늘어난 인건비만큼의 이익을 확보하기 위해 해외시장을 개척해야겠다는 이익 추구의 의지를 갖게끔 하는 것이다. 수출을 하기 위해서는 기업의 규모 확대가 필요해지므로 회사에 따라서는 다른 회사와 통합의 필요성을 느끼는 경우도 있을 것이다. 그 필요성을 인식시키는 것만으로도 큰 효과라고 할 수 있다.

자신의 수입이나 회사의 이익을 강제적으로 직원에게 더 많이 분배하지 않으면 안 되는 상황이 닥치면 아무리 욕심 없고 마음이 넓은 사장이라도 스스로를 지키려는 욕구가 생길 것이다.

'하면 된다'로 바뀔 상황이 아니다

하지만 무엇보다 정부와 관료들이 발상을 바꾸어야 한다. 이들은 생산성 향상에 대해 논의할 때 '생산성 향상을 위해 분투한 성공 사례를 제시하고 그 기업의 생산성 향상 방법을 다른 기업에도 소개하면 다들 찬성하며 따라 할 것이다. 그 결과 나라 전체의 생산성이 향상되는 것을 기대할 수 있지 않겠는가?'라고 말한다.

이는 지극히 일본적인 대응이라고 볼 수 있다. 앞으로 일본이 맞이할 이상 사태에서 이런 막연한 생각으로는 문제 해결을 기대할 수 없다. 지금까지의 전례와 현재의 낮은 생산성만 봐도 이런 성선설로는 큰 효과를 기대할 수 없다.

기업에 수출을 하라고 말하기는 쉽지만 실행에는 다양한 장벽이 따르기 마련이다. 기업이 그 장벽을 쉽게 넘을 수 있도록 정부의 지원 정책도 필요하지만, 기업도 이를 잘 뛰어넘을 수 있을 정도로 규모를 키우고 생산성을 높여야 한다. 강력한 동기가 없으면 타사의 성공 사례는 그저 남의 이야기일 뿐이다. 이런 대위기의 폭풍전야에 뚜렷한 정책이나 전략 없이 "하면 된다, 해보자"라고 말할 때가 아니다.

노동력 착취 자본주의의 종말

노동자의 능력에 비해 낮은 최저임금은 경영자에게는 가장 좋은 환경일 것이다. 지금까지 일본 경제는 우수한 국민에게 주어야 할 합당한 급여를 주지 않음으로써 기업에 부를 안겨주었다. 생산성이 낮은 기업이 존속할 수 있었던 가장 큰 이유는 낮은 소득수준 덕분이다.

그렇다면 문제는 기업이 축적한 부를 어떻게 활용할 것인가다. 그 이익을 수출 촉진이나 기술 개발 등에 활용해주면 좋았겠지만 대부분 그런 선순환은 이루어지지 않았다.

풍족한 환경 아래서는 웬만큼 노력하지 않고서 경영자가 스스로 회사의 미래를 위해 전략을 구상할 동기가 생기기 어렵다. 새로운 기술을 도입하거나 혁신해야 할 강력한 이유가 생기지 않는다. 사장은 회사 일을 남에게 맡겨놓고 높은 급여를 받으며 놀면 되기 때문이다.

더 비아냥거리자면 이런 혜택을 받는 사장들은 여러 경제단체나 모임 등의 자리에 참석하면서 잡담이나 하며 지내도 되지 않을까? 최첨단의 정보를 제언하는 지식인들의 책을 사거나 취미 삼아 스터디 그룹에 가는 것도 좋을 것이다. 아무것도 안 하는 것보다는 공부했다는 실감이 들 테니 말이다. 하지만 자신의 회사로 돌아가서 아무것도 바꾸지 않는다면 그건 공부도 아무것도 아니게 된다.

그동안 많은 회사에서 낮은 인건비 덕분에 확보한 부와 여유를 기업 간 경쟁에서 유리한 용도로 사용했다. 그 결과 일본은 세계에서 기업 간 과당경쟁이 가장 심한 나라가 됐다. 사장 외에는 그 누구에게도 득이 되지 않는 방향으로 기업이 축적한 부와 여유가 사용된 것이다.

지금의 일본 경제는 국민의 능력에 상응하는 급여를 지불하는 구조가 아니다. 인재 평가는 세계 4위지만 생산성은 28위라는 사실이 세계에서 가장 많이 착취당하는 일본 노동자들의 현실을 여실히 보여준다. 기업가 윤리에만 기대면 노동자들은 결코 인재 평가에 걸맞은 급여를 받지 못할 것이다. 여러 경영자 단체에서 '좋은 인재를 최대한 싸게 고용하는 것이 사장의 능력이다'라는 말을 듣는다.

그렇다면 국가는 생산성 향상을 위해서라도 최저임금 인상을 강제하여 급여 수준 전체를 끌어올려야 한다.

'빅맥지수'로 본 일본형 경영의 실상

· 빅맥지수는 영국의 〈이코노미스트(The Economist)〉가 빅맥 한 개의 가격을 통해 구매력으로 환산한 물가지수를 말한다. 빅맥을 그 기준

| 도표 6-14 | 각국의 빅맥지수와 생산성

국가	빅맥지수	생산성(달러)	국가	빅맥지수	생산성(달러)
스위스	6.81	61,360	에스토니아	3.88	31,473
노르웨이	6.21	70,590	체코	3.83	35,223
스웨덴	5.85	51,264	태국	3.81	17,786
핀란드	5.61	44,050	아르헨티나	3.73	20,677
미국	5.28	59,495	일본	3.59	42,659
프랑스	5.17	43,550	리투아니아	3.44	31,935
이탈리아	5.17	37,970	헝가리	3.40	28,910
캐나다	5.07	48,141	라트비아	3.32	27,291
벨기에	5.04	46,301	중국	3.25	16,624
덴마크	4.95	49,613	페루	3.25	13,342
스페인	4.86	38,171	폴란드	2.95	29,251
독일	4.80	50,206	베트남	2.85	6,876
이스라엘	4.68	36,250	인도	2.76	7,174
네덜란드	4.56	53,582	터키	2.70	26,453
영국	4.48	43,620	멕시코	2.63	19,480
뉴질랜드	4.47	38,502	홍콩	2.61	61,016
칠레	4.29	24,588	인도네시아	2.60	12,378
크로아티아	4.23	24,095	필리핀	2.57	8,229
오스트리아	4.18	49,247	대만	2.37	49,827
한국	4.16	39,387	말레이시아	2.33	28,871
그리스	4.12	27,776	러시아	2.26	27,890
오스트레일리아	4.06	49,882			
코스타리카	4.04	17,149			
포르투갈	3.94	30,258			
콜롬비아	3.88	14,455			

주: 구매력평가 기준

출처: 〈이코노미스트〉, IMF 자료(2018년)를 기초로 저자 작성

으로 삼은 것은 크기, 재료 등이 정해져 있어 세계적 비교가 쉬운 상품이기 때문이다. 또한 '빅맥지수'는 일본의 경영이 얼마나 왜곡됐는지를 보여주는 상징적인 지표이기도 하다.

일본의 빅맥은 개발도상국 수준으로 저렴한 편이다(도표 6-14). 재료가 비슷할 텐데 그것이 어떻게 가능할까? 분명 부동산도 비싸고 전기 등 시설비용도 비싸다. 햄버거 재료라고 해서 태국보다 쌀 리가 없다. 이익을 줄이면서까지 가격을 저렴하게 하지 않았을 테니 결국 저렴한 최저임금에서 그 이유를 찾을 수 있다. 최저임금과 빅맥지수에는 0.75라는 매우 높은 상관계수가 인정된다. 그뿐만 아니라 생산성과의 상관관계는 그보다 높다. 참고로 홍콩과 대만의 빅맥도 저렴한 편인데, 그들 두 나라도 일본과 마찬가지로 최저임금이 낮다는 공통된 특징이 있다.

낮은 소득수준은 더 이상 미덕이 아니다

내가 최저임금을 올려야 한다고 주장하면 '일본인의 급여가 낮은 것은 미덕'이라는 어처구니없는 반론이 나오곤 한다. 놀랍겠지만 일본식 자본주의를 추앙하는 사람 중에는 일본의 낮은 소득수준과 최저임금을 '미덕'이라고 생각하는 사람이 실제로 많다.

"일본인에게 중요한 것은 돈만이 아니다. 열심히 일해서 얻은 성과를 다른 사람을 위해 최대한 싸게 제공할 줄 아는, 헌신적인 일본인은 아름답다."

　확실히 듣기에 좋은 말이지만 미래를 생각하면 이는 지나치게 호강에 넘치는 말이다. 정확하게 말하면 시대착오적 사고방식이다. 인구가 크게 증가하던 시절에는 한 사람, 한 사람이 원래 받아야 하는 급여를 받지 않아도 경제는 인구 증가 요인에 의해 성장했다. 그 당시라면 좀 전의 이야기를 미덕이라고 수긍할 수도 있었을 것이다.

　그때는 65세 이상 고령자를 위한 사회보장제도를 확충하더라도 생산가능인구가 충분히 늘어나고 있었기 때문에 그 부담을 견딜 수 있었다. 죽기 살기로 이익을 추구하지 않아도 됐고, 또 그런 것이 사회공헌이라고도 할 수 있었다. 이는 일본식 자본주의만의 특징이 아니라 어느 나라든 인구가 증가했기 때문에 가능했던 것이다. 일본식 자본주의는 인구 증가 요인을 통해 이룩한 경제적 성취의 한 부산물에 지나지 않은 것이다.

　국가부채도 마찬가지다. 인구가 증가하면 세수가 늘어나고, 경제가 성장하고, 재정이 개선되면서 상대적으로 국가부채가 작아진다. 다만, 인구 증가가 멈추고 줄어들기 시작하면 그 흐름이 바뀐다.

　지금까지는 국가가 개개인의 돈벌이를 고려할 필요가 없었을지 모르지만 앞으로의 시대는 다르다.

잠재력은 가능성일 뿐이다

앞서 설명한 것처럼 일본에는 우수한 인재가 많은데 생산성은 선진국 중 최저 수준이다. 이를 달리 말하면 잠재력은 뛰어나지만 성과나 실적을 내지 못하는 실정이다. 여기서 중요한 것은 높이 평가받는 것이 인재의 잠재력이지 성과나 실적이 아니라는 사실이다.

성과나 실적은 생산성과 소득수준을 가리킨다. 선진국과 개발도상국을 구분 짓는 차이도 바로 소득의 높고 낮음이다. 선진국은 이미 잠재력을 발휘할 수 있는 환경이 조성되어 있기 때문에 소득이 높은 것이다. 잠재력의 차이 때문에 선진국과 개발도상국으로 나뉘는 것이 아니다. 하지만 잠재력은 실현될지도 모른다는 가능성일 뿐이다. 따라서 발휘되지 않은 잠재력은 존재하지 않는 것과 같다.

앞서 일본형 자본주의를 추앙하는 사람들이 주장하는 '일본의 소득수준이 낮은 것은 미덕'이라는 억지는 인구가 증가하는 동안에는 들어줄 만했다. 그러나 인구가 줄어들기 시작하자 빈곤, 부채, 연금, 의료 등 사회 곳곳에서 다양한 문제로 표면화되고 있다. 이런 상황에서 더 이상 낮은 소득수준이 미덕이라는 허튼소리를 할 수 없게 됐다. 여전히 미덕을 운운하는 이들은 하루 빨리 망상에서 벗어나기를 바란다.

이제 냉정하게 현실을 바라봐야 한다. 연금, 부채, 의료비, 자녀교육비 등은 잠재력이 있다고 해서 지불할 수 있는 것이 아니다. 세계에서 특허가 가장 많다고 해서 안 팔리는 물건만 만들고 있으면 그건 그저

재능 낭비고 자기 만족일 뿐이다. 잘 갖춰진 사회 인프라나 교육도 잠재력을 발휘하지 못한다는 측면에서 같은 이야기를 할 수 있다. 이들에 대한 투자를 과연 회수할 수 있는 것인지 의문이다. 재교육을 포함해 국민들을 열심히 교육하지만 생산가능인구로서 사회에 환원하도록 투입한 교육비를 회수하지 못한다면 냉정하게 말해 비용 대비 가치를 따질 수밖에 없어진다.

앞으로는 생산가능인구가 얻은 소득의 일부를 노인들에게 분배할 필요가 있다. 소비세를 어떻게 할지의 차원이 아니다. 소득이 없으면 분배도 없는 것이다. 앞으로는 한 사람, 한 사람이 돈을 버는 것이야말로 사회 공헌이 될 것이다.

정부에게 필요한 건 냉철함

인구가 감소하는데도 낮은 수준의 소득이 미덕이라는 사고를 용납해서는 안 되는 존재가 있다. 바로 일본 정부다.

국가에게 있어 가장 큰 재산은 국민이다. 세수가 증가하는 것이 좋을 수밖에 없다. 국민의 수가 늘어남에 따라 경제가 성장하고 세수가 늘어난다면 굳이 정부가 개개인의 돈벌이에 간섭하지 않아도 된다. 그러나 인구가 감소하고 경제성장이 둔화되어 세수가 줄어들면 이야기는 달라진다. 국가의 최대 재산인 국민의 돈 버는 역량이 더욱 더 중요해지고, 개별 기업에도 관여하지 않을 수 없게 된다. 국가는 인구가 줄더라도 세수를 충분히 확보해야 할 이유가 있기 때문이다.

첫 번째는 국가부채 때문이다. 일본의 GDP 대비 국가부채 비율은 세계 최고다. 이는 현역 세대가 다음 세대에게 '돈벌이의 의무'를 미뤄온 결과다. 연금을 지불할 수 있을 만큼 충분히 돈벌이를 못했기 때문에 생긴 빚이다. 달리 보면 지금까지의 비현실성, 핑크빛 망상, 무리한 지출, 안이함의 적폐가 국가부채라는 형태로 나타난 것이다.

국가부채는 부채 총액이 아니라 GDP 대비 비율이 중요하다. 그렇기 때문에 인구 증가 요인의 엔진이 꺼지고 GDP가 성장하지 않게 되면 곧바로 문제가 커진다.

이 문제를 해결하기 위한 방법에는 두 가지가 있다. 하나는 부채를 줄이는 것이고, 또 하나는 생산성을 높여서 GDP를 늘림으로써 부채를 줄이지 않고도 그 부담을 줄이는 방법이다. 이것을 달성하려면 역시 소득수준의 향상이 불가피하다.

여기에도 패러다임의 대변환이 요구된다. 일본에는 전자의 '부채를 줄여야 한다'라고 생각하는 사람이 많다. 그래서 정책이나 논의의 핵심이 '국가부채가 많으니까 줄이자'거나 '연금제도를 없앨 수 없으니 제도를 바꾸어 지급액을 줄이자'는 방향으로 잡히는 경우가 많다.

그러나 이는 어디까지나 지금의 GDP나 국민소득을 바꿀 수 없다는 전제에서 나온 논의일 뿐이다. 어떤 의미에서는 꿈이 없는 저차원적인 대응이다. 하지만 나는 후자의 방법을 취해야 한다고 생각한다. 예를 들어 연금제도의 건전성은 그 나라 생산성과 상관관계가 매우 높다. 일본의 연금제도의 평가가 낮은 이유 중 하나는 바로 국민소득이 낮은 데 있다. 제도를 바꾸기보다는 패러다임의 전환을 통해 소득을 늘리는 것이 우선돼야 한다.

분명 소득수준을 향상시키는 것은 말로는 간단하지만 실행하기 어려운 일이다. 하지만 이를 실현한다면 지금 안고 있는 문제들은 물론 앞으로 닥칠 다양한 위기의 근본적인 해결이 가능할 것이다.

재정도 마찬가지다. 그동안 정부나 재무부는 '재정이 어려우니 세율을 인상하겠다'라는 일관된 논리를 고수해왔다. 그러나 정부에는 세율 인상 외에 또 하나의 선택지가 있다. 세율을 올리지 않아도 국민소득을 올려 재정이 개선하는 것이다.

한편 소비세 인상에 관해서는 그 논의가 대체로 단순하다는 느낌을 받는다. 소비세는 외국의 경우 세율 10퍼센트 이상이 기본으로 몇몇 나라는 15퍼센트를 넘는 경우도 있다. 반면 일본은 8퍼센트로 세계적으로 보면 낮은 수준이다. 하지만 세금 비율만 단순 비교해서는 안 된다. 나라마다 생산성이 다르기 때문에 세율만 비교하는 것은 무의미하다.

가령 1인당 구매력평가 기준 평균 가처분 소득이 600만 엔인 나라와 400만 엔인 나라가 있다고 가정하자. 소득의 전부를 소비하는 경우(극단적인 이야기지만 쉽게 설명하기 위해서) 전자의 소비세율이 15퍼센트, 후자가 8퍼센트라고 했을 때 세수는 전자가 90만 엔, 후자가 32만 엔이 된다. 여기서 후자의 세율이 낮으니 15퍼센트로 높이자는 것인데, 후자의 세율을 15퍼센트로 올려도 세금은 32만 엔에서 60만 엔이 될 뿐 전자와 같아지지 않는다. 즉 소득이 서로 다른데 세율을 동일하게 조정함으로써 문제를 해결하겠다는 논리는 상당히 임시방편적이다. 이처럼 일본에서 벌어지는 소비세 논의는 그 방향이 잘못됐다.

앞서 살펴본 영국과의 비교로 돌아가보면 영국과 거의 비슷한 생산성을 올리는 일본인이 10퍼센트의 소비세를 지불한 뒤에 남는 최저임금은 5.85달러지만, 영국인의 경우 7.97달러가 된다. 과세 방법을 단순 비교할 것이 아니라 먼저 기본적인 조건(소득)부터 비교하고 근본적인 해결 방법을 논의해야 할 것이다.

이미 설명한 것처럼 국가부채는 GDP 대비 비율이 높은 경우 문제가 된다. GDP 대비 비율을 낮추기 위해서는 분자인 부채를 줄이는 것도 방법이지만 분모인 GDP를 늘리는 것도 하나의 방법이다.

일본은 생산성이 세계 28위로 낮은 탓에 GDP가 적어서 상대적으로 국가부채가 많아 보이는 것이다. 국가부채 문제도 사실은 낮은 소득이 그 원인이다.

최저임금 인상과 이민정책

경영자들은 그동안 꾸준히 비정규직과 여성의 비율을 늘려 인건비에 따른 비용을 줄였다. 게다가 생산가능인구가 줄어드는 노동력 부족의 상황에서도 급여 상승 압력을 억제하려는 움직임을 보이고 있다. 심지어 이들은 고용 규제 완화까지 요구하고 있다. 고용 규제 완화는 고용인 측의 입지를 강화해 노동자의 교섭력을 떨어뜨리는 것이 목적이다. 이 또한 노동력 부족으로 인한 임금 상승 압력을 억제하려는 전략이다. 경영자에게는 가장 편한 전략일지 모르지만, 이는 궁극적으로 국익에 반한다.

일반적으로 일본은 이민정책에 반대하는 경향이 강한데 최근 기업들은 그 태도를 바꿔 외국인 노동자의 수용에 적극적으로 나서고 있다. 왜일까? 이유는 간단하다. 개발도상국으로부터 유입되는 값싼 노동력을 활용함으로써 임금을 억제하려는 것이다.

기업이 여전히 직원 개개인의 능력에만 의존하는 비즈니스 모델을 고수하면 인구 감소로 인해 결국 노동력이 부족해지고 임금 상승의 압박을 받게 된다. 이에 대한 대책으로 생산성 향상을 도모하면 좋겠지만, 많은 경영자들이 현상을 유지한 채 부족한 노동력을 외국인 노동자로 대체하려고 한다. 인건비 억제를 위한 궁여지책으로밖에 보이지 않는다. 즉 이민정책에 대한 찬반은 고차원 자본주의로의 이행을 어떻게 생각하는지에 따라 달라지는 것이다.

생산성 향상을 위해 최저임금을 인상하면 이민정책에 대한 접근도 달라질 것이다. 지금처럼 값싼 임금으로 외국인 노동자를 늘리려는 안이한 정책은 생산성 향상을 방해하는 정책이 될 수밖에 없다. 이미 충분히 일본인의 소득수준은 낮다. 임금이 더 낮은 노동력을 늘리면 가격경쟁이 더 격화되어 모두가 어려워지는 결과만 낳는다. 기업은 기업대로, 노동자는 노동자대로 소득과 이익을 만들기 어려워지고, 국가는 사회보장비를 충분히 확보하지 못해 재정이 파탄날 것이고, 이에 대한 피해는 고스란히 국민의 몫이 된다.

기술혁신만으로 경제를 구할 수 없다

일부 일본인들은 기술력이라는 '만병통치약'에 기대를 거는 경향이 있다. 하지만 나는 기술력이 만병통치약이 될 수 없다고 생각한다. 이를 뒷받침하는 여러 논문이 있다.

영국 정부도 낮은 생산성에 대해 고민해왔다. 영국은 대학 평가나 노벨상 획득 건수 등을 고려하면 연구개발의 성과가 나쁘지 않은 편이지만, 기업부문에서는 이렇다 할 실적을 내지 못했다. 그래서 범정부적으로 대미-대독일과의 생산성 격차를 줄여 국민소득을 높일 방법을 모색했다. 정부는 이를 대학에 의뢰해 철저히 조사하고 분석해서 생산성 향상 방안을 찾았다.

〈생산성의 다섯 가지 원동력(The Five Drivers of Productivity)〉이라는 논문에서는 생산성 향상을 결정짓는 다섯 가지 요소를 식별하고 상관관계와 인과관계를 분석했다. 성과를 바탕으로 한 정책(증거 기반 정책 결정)으로 대응하고자 했던 것이다. 이 논문에서 주장한 다섯 가지 요소를 중요한 순서대로 소개하겠다.

1. 기업가정신(Entrepreneurship)

영국 정부의 분석에 따르면 기술혁신은 기업 전체의 혁신을 일으켜 생산성 향상을 가져오는 가장 중요한 요소가 아니라고 한다. 제일 중요한 것은 기업가정신(Entrepreneurship)이다.

'앙트레프레너(Entrepreneur)'는 일반적으로 '기업가'로 번역한다. 그러나 경제학에서는 보다 넓은 의미로 '혁신의 담당자로서 창조성과 결단력을 가지고 사업을 창시하고 운영하는 개인 사업가'라고 설명하고, UN의 정의에 따르면 '시장에 변화와 성장을 일으키는 새로운 발상의 창출, 보급, 적용을 촉진하는 사람. 기회를 적극적으로 찾고, 그것을 향해 모험적으로 리스크를 감수하는 사람'이다. 이런 역할은 반드시 새로운 기업을 일으키는 것만이 아니라 기존 기업 안에서도 충분히 가능하다는 것이다.

영국 정부의 분석에 따르면 기업가정신과 생산성 사이의 상관계수는 0.91로 매우 높은 상관관계를 보여준다. 즉 새로운 발상을 가지고 기존의 경영자원(노동력, 기술, 자본)을 다시 조합하거나 새로운 기업체계를 만들어 새로운 조합을 구축하는 것이 생산성 향상에 가장 효과적이라는 것이다.

경영자원의 재조합, 조직 변경 등이 생산성 향상에 있어 중요하다는 것은 1990년대 미국과 일본의 기업 행동의 차이를 생각하면 쉽게 이해할 수 있다. 미국의 생산성은 1990년대에 비약적으로 향상됐다. 반면 일본의 생산성은 전혀 아니라고 해도 좋을 만큼 오르지 않았다. 왜 이런 차이가 생겼을까?

그것은 미국의 많은 기업이 기술혁신의 효과를 얻기 위해 조직을 대폭 쇄신하고 일하는 방식을 대담하게 바꾼 데 반해 일본은 신기술을 도입하긴 했지만 조직의 구성이나 일하는 방식에 손을 댄 경우가 적었기 때문이다. 그 결과 일본은 생산성을 높일 수 없었다.

조직이나 업무 방식을 쇄신할 수 있는지 아닌지는 기업의 '민첩성'이

말해준다. 통계적 분석에 능한 '2017 IMD 세계 디지털 경쟁력 순위 (IMD World Digital Competitiveness Ranking 2017)'에 따르면 일본 기업의 민첩성은 세계 63개국 중 57위로 선진국 중 최하위다.

기존 경영자원의 재조정은 생각보다 생산성 향상에 기여도가 높다. 새로운 기술을 창출하는 것보다 기존 기술의 사용법을 바꾸는 것이 더 간단하기 때문이다.

새로운 기술은 사람이 활용하지 않으면 아무것도 만들어내지 못하는 죽은 기술이 된다. 또한 특정 기업만이 신기술을 활용한다고 해도 GDP 550조 엔 이상의 경제 전체에 영향을 주기 어렵다. 따라서 새로운 기술은 널리 보급하는 것이 가장 중요하다. 확산은 자연적으로 일어나는 것이 아니라 인위적인 과정을 거치기 때문에 기업가정신을 발휘한다면 새로운 기술의 보급에 진전이 보일 것이다.

2. 노동자 1인당 물적자본의 증강

기업가정신에 이어 생산성 향상에 기여하는 요소는 '설비투자를 포함한 노동자 1인당 물적자본의 증강'이다. 물적자본이란 토지, 공적인 인프라, 기계 등을 포함한다. 그에 대한 투자 자체도 GDP 성장에 기여하므로 당연히 생산성 향상으로 이어진다.

물적자본 증강과 생산성 향상의 상관계수는 0.77로 상당히 높은 수치다. 실제로 전후 GDP 성장 중 절반 정도는 설비투자에 의한 것이라는 분석 결과도 있다.

3. 직원 교육에 의한 기술 향상

세 번째로 생산성 향상에 큰 도움이 되는 것은 '직원 교육을 통한 기술 향상'으로, 그 상관계수는 0.66이다. 혁신을 일으키고 성장을 추진하기 위해서는 직원 개개인의 기술 수준을 향상시키지 않으면 안 된다. 따라서 재교육의 필요성은 말할 필요도 없는 생산성 향상의 필수 요소다. 새로운 기술의 획득과 이를 십분 활용하기 위한 능력 쇄신 등이 반드시 필요하다. 개인의 기술 향상과 기업의 규모 사이에도 높은 상관관계가 있는데, 이에 대해서는 제7장에서 설명하겠다.

일본에는 '경영자의 기술 향상'과 관련하여 고유의 문제가 있다. 일본은 직책이 올라갈수록 교육이나 연수를 받을 기회가 적어지는 것이 일반적이다. 즉 경영자의 재교육이 충분히 이루어지지 않는다고 볼 수 있다. 실제로 노동자의 인재 평가는 높지만 경영자의 능력은 국제적으로도 낮게 평가되고 있다.

2017 IMD 세계 디지털 경쟁력 순위에 따르면 경영자에 관해 총 63개국 중 민첩성이 57위, 분석 능력이 59위, 유능한 경영자가 존재한다는 답변 비율이 58위, 경영 교육을 받은 적이 있다는 답변 비율이 53위, 해외 경험이 있다는 답변 비율이 63위였다. 아직도 이익과 생산성의 차이를 이해하지 못하는 대기업의 경영자들도 있으니 낮은 평가를 받을 만하다.

1990년대 들어 디지털화가 진행되면서 경영자의 직감이나 경험의 중요성이 낮아지는 한편 민첩성과 분석 능력의 중요성이 커졌다. 그러나 일본 경영자의 분석 능력은 지난 IMD의 평가에서 63개국 중 59

위로 선진국 중 최하위를 기록했다.

일본은 국민의 평균 연령이 높아짐에 따라 경영자도 고령화하는 경향이 있다. 즉 많은 경영자들이 다른 나라들에 비해 학교를 졸업하고 나서 재교육 없이 오랫동안 낡은 방식에 익숙한 채 여전히 위세를 떨치고 있는 것이다. 고령의 경영자들은 새로운 방법을 도입하기에 앞서 존재 자체를 모르는 경우가 적지 않다.

심지어 일본은 지금도 여전히 팩스를 고수하는 기업이 많지 않은가! 머리가 굳은 경영자들의 재교육이 불가피하지만, 이를 깨닫는 사람도 적으니 당연히 실행이 안 되는 것이 현실이다.

4. 기술혁신

'기술혁신'과 생산성의 관계는 어떨까? 생산성 향상과 기술혁신의 상관계수는 0.56으로 의외로 낮다. 앞서 소개한 세 가지 요소에 비해 결코 높지 않다. 기술혁신만으로는 생산성을 높이기 어렵다는 점을 시사하는 것이다.

영국 정부는 이 문제에 상당히 공을 들였다. 영국의 대학은 평가가 높고 다양한 분야에서 혁신적인 기술을 창출하고 있지만, 경제 전체의 생산성 향상에 기여도가 기대만큼 높지 않았다. 이에 대해 영국 정부는 신기술의 보급률이 낮기 때문이라고 분석했다.

이는 앞서 설명한 기업가정신과 깊은 관계가 있다. 요컨대 연구개발에 그치는 경우가 많고 실제로 사업화까지 견인하는 힘이 부족했던 것이다. 이는 일본에도 그대로 해당된다. 일본은 기술 대국이라고 자칭하면서도 의외로 아날로그를 고수하는 경우가 많다. 특히 영세기업 중에는 마치 시간이 80년대에 멈춰 있는 듯한 곳이 매우 많다. 특허 건수가 많은 데 반해 그 특허가 활용되지 않는 비율이 높은 것도 이해가 된다.

OECD도 〈생산성의 미래(The Future of Productivity)〉라는 보고서에서 비슷한 지적을 했다. 세계 일류기업들은 기술혁신이 잘 진행되고 생산성도 향상되고 있으나 중소기업을 중심으로 한 대부분의 기업의 생산성은 좀처럼 올라가지 않고, 이로 인해 대기업과의 격차가 점차 커지고 있다는 것이다.

요식업계나 관광업계와 같은 서비스업만 봐도 이런 문제를 확인할 수 있다. 날마다 훌륭한 기술이 태어나 특허 수로는 세계 제일을 자랑하는 일본에서 아직도 신용카드를 사용할 수 없거나 인터넷 예약을 할 수 없는 경우가 적지 않다. 이렇게 기술을 활용하지 못한 채 이용자에게 불편만 주는 사례는 일상생활에서도 자주 목격되고 있다.

"과거 좋았던 시절의 흔적이 남아 있는 것이니 좋은 게 아닐까"라고 말하는 이도 있지만, 여기에는 진지하게 "생산성이 향상되지 않는데, 인구 감소를 어떻게 대처하시겠어요?"라고 대응할 수밖에 없다.

5. 경쟁

일본의 중소기업 통합을 강력하게 주장하는 이유 중 하나로 과당경쟁을 들었다. WEF의 분석에 따르면 일본의 기업 간 경쟁의 치열함은 세계 1위다. 이런 경쟁은 생산성 향상에 부정적인 작용을 한다. 의외라고 생각할지 모르지만 영국 정부의 분석에서도 같은 결과가 나왔다.

경제학에서는 일반적으로 경쟁은 좋은 것이라고 본다. 혁신으로 이어지거나 여러 면에서 자극이 주는 등 자본주의를 이루는 기초 가운데 하나로 여긴다. 하지만 너무 지나치면 이야기가 달라진다.

앞에서도 설명했지만 영국 정부는 생산성 향상에 결정적인 영향을 미치는 다섯 가지 요소를 도출하고 그 상관관계와 인과관계를 분석했다. 그중 경쟁과 생산성 향상과의 상관관계는 지극히 낮다고 보고 했다. 그 상관계수는 단 0.05에 불과했다.

경쟁과 생산성 향상의 상관관계가 낮은 이유는 경쟁 정도가 지나치면 과당경쟁이 되어 가격경쟁이 심해지고 저차원 자본주의에 빠질 우려가 있기 때문이다. 기업의 입장에서 이익이 깎이고 줄어들면 연구개발이나 설비투자를 줄일 수밖에 없다. 그 결과 기업이 장래성과 지속성에 나쁜 영향을 주는 경영전략을 취할 가능성이 커진다는 것이다.

일본은 이미 과당경쟁 상태라고 평가받고 있다. 게다가 앞으로 인구가 줄어서 수요가 더욱 줄어들 것이다. 적절한 정책을 쓰지 않으면 과당경쟁의 정도가 더욱 심해질 것이다.

낮은 생산성 문제, 국가부채 문제, 재정 재건 문제, 복지제도 문제, 워킹푸어 문제, 여성의 활약 문제, 아동빈곤 문제, 저출생 문제, 소비세 문제, 지방재생 문제까지. 일본에는 실로 많은 문제가 산적해 있다. 그러나 이러한 문제의 뿌리는 단 하나다. 최저임금이 낮다는 것. 여기에 모든 문제의 근원이 있다.

인구 감소라는 고유한 문제를 안고 있는 일본은 다른 선진국보다 생산성을 높일 필요가 있다. 다행히 일본에는 우수한 인재들이 많다. 다른 나라가 성공한 최저임금 인상에 의한 생산성 향상을 일본이라고 못할 리가 없다. 이는 경영자와 정치가의 의지의 문제다.

제7장

인재 육성 훈련은
언제까지 필요한가

:: 100세 시대의 교육 ::

패러다임 대변환 7
: 교육을 성인 대상으로
확대하라 :

•

고령화가 진행되는 가운데 생산성 향상을 실현하기 위해서는
본격적인 인재 육성 훈련 제도가 필요하다. 몇 번이고 직원을
재교육해 기술혁신의 보급률 향상을 뒷받침해야 한다.

이 책에서는 세 가지를 제시했다.

첫째, 생산성 향상에 사회적 합의를 이룸으로써 높은 생산성 및 고차원 자본주의를 실시해야 한다.

둘째, 그것이 가능하도록 기업의 규모 확대를 촉구하는 통합촉진정책을 실시해야 한다.

그리고 세 번째는 제도를 정비하는 것만으로는 모든 민간 기업이 국가의 뜻대로 움직일 리 없으니 최저임금의 지속적인 인상을 통해 기업을 이 방향으로 이끌어야 한다.

이상의 세 가지가 지금까지 소개한 나의 제언이다.

그러나 일본 경제를 재생시키기 위해서는 이것만으로는 충분하지 않다. 마지막 장이 될 제7장에서는 일본 경제를 살리는 데 무엇이 더 필요한지 살펴보고자 한다.

생산성 문제는 어디에서 비롯됐는가

일본의 생산성이 외국에 비해 부진해진 것은 1990년대 들어서의 일이다. 그 내용을 보면 흥미로운 사실을 알 수 있다.

경제성장은 보통 세 가지로 나뉜다. 노동의 투입량, 자본의 축적, 전요소생산성의 향상이다. 노동의 투입량은 시간이나 생산가능인구를 말한다. 자본은 노동자 1인당 어느 정도의 자본이 주어지는지를 말한다. 세 번째 전요소생산성은 사람과 자본의 양적 투입 확대 이외의 생산성 향상 효과를 말한다. 일반적으로는 기술혁신의 보급, 취업자의 교육·훈련, 조직의 개혁 등을 가리키는데, 달리 말하면 노동의 투입량과 자본의 축적으로 설명할 수 없는 생산성 향상의 요인을 가리킨다. 넓은 의미에서는 궁리, 발상, 창의성 등의 요소도 포함된다.

앞의 두 가지는 비교적 이해하기 쉽다. 사람을 고용하거나 기계를 사면 기업이 성장한다. 단순한 경영전략으로도 시행할 수 있다. 반면 제2장에서 설명한 고부가가치·고소득 자본주의는 주로 전요소생산성의 향상에 의해서 실현된다.

1990년부터 2007년 동안 일본의 실질 GDP 성장률은 G7 중 가장 낮은 1.3퍼센트였다. 참고로 G7의 평균 GDP 성장률은 2.1퍼센트다(도표 7-1). 인적자본의 성장률은 G7 평균 0.5퍼센트 대비 0.4퍼센트였으므로, 이것이 일본의 정체 이유는 아니다. 또한 물적자본의 성장률도 G7 평균 0.9퍼센트인데 반해 일본은 0.8퍼센트였으므로 자본의 문제도 아니다. 그렇다면 문제는 전요소생산성에 있을 것이다. G7의

| 도표 7-1 | G7 국가의 경제성장 요인(1990~2007년, %)

	캐나다	프랑스	독일	이탈리아	일본	영국	미국	평균
인플레이션율	2.3	2.0	2.3	3.9	0.4	2.6	3.3	2.4
실질 GDP 성장률	2.6	1.9	1.7	1.5	1.3	2.9	3.0	2.1
내역								
인적자본	0.9	0.4	0.2	0.3	0.4	0.3	0.8	0.5
물적자본	1.1	0.8	0.7	0.7	0.8	1.0	1.3	0.9
전요소생산성	0.9	0.7	0.8	0.5	0.2	1.7	1.0	0.8
노동생산성	1.5	1.2	1.4	1.0	0.8	2.5	1.8	1.4
내역								
자본/노동자	0.6	0.5	0.6	0.5	0.6	0.8	0.8	0.6
전요소생산성	0.9	0.7	0.8	0.5	0.2	1.7	1.0	0.8
고령화	2.8	4.1	8.6	8.3	15.8	-0.9	-0.4	5.5
인구 증감	1.1	0.5	0.2	0.3	0.2	0.3	1.1	0.5

출처: IMF

전요소생산성 상승률 0.8퍼센트 대비 일본은 0.2퍼센트였다. 일본의 침체의 원인이 여기에 있다.

IMF는 이와 관련하여 생산가능인구의 감소가 전요소생산성의 향상에 영향을 준다는 가설을 세웠다. IMF의 분석에 따르면 생산가능인구에서 고령자 비율의 변화와 전요소생산성 향상률 사이에 상관관계가 있음이 밝혀졌기 때문이다(도표 7-2).

전요소생산성이 일본의 가장 큰 약점이다. 이를 극복하기 위해서 기

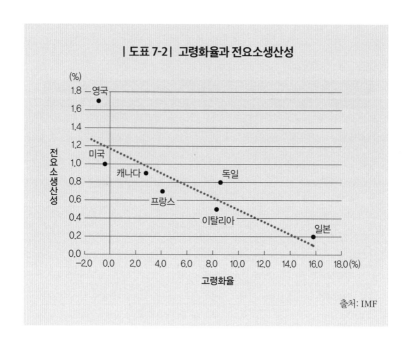

| 도표 7-2 | 고령화율과 전요소생산성

출처: IMF

업에는 경영자의 민첩성이, 국가에는 정치가의 결단력과 실행력이 요구된다. 사람과 기계를 어떻게 조합할 수 있는지, 기술혁신을 얼마나 많은 기업에 보급할 수 있는지, 새로운 기술을 활용하기 위해서 지금까지의 조직, 업무 방식을 얼마나 바꿀 수 있는지, 기술 진보로 인한 낡은 방식의 폐기를 업계의 반대를 무릅쓰고서라도 강행할 수 있는지 등 기업과 국가 차원에서 엄격하게 대처해야 할 일들이 많을 것이다. 한편 다른 논문에서도 저생산성 기업의 통합과 전요소생산성 향상 사이에 높은 상관계수를 확인했다.

여러 가지 분석을 종합해보면 생산성 문제의 해결법 중 하나는 노동자와 경영자의 재교육이라는 사실을 알 수 있다. 제6장에서 소개한 생산성 향상의 다섯 가지 요소 중 세 번째 기술 향상을 가리킨다. 새로운 기술을 도입하고 활용하기 위해 노동자들뿐만 아니라 경영자도 공부가 필수적이다.

고용 규제에 대한 오해

생산성을 향상시키는 기업에 대한 지원책을 검토하기 전에 일부 경영자들이 믿는 '어떤 오해'에 대해 살펴보고자 한다. 오해의 대부분은 세계 여러 나라에서 이미 검증되어 중요시하지 않는 것을 마치 큰 문제인 것처럼 오해하는 경우가 적지 않다. 지금도 다양한 일들이 오해를 바탕으로 논의되고 있다. 여기서는 경영자들이 특히 신경 쓰는 '해고 규제'에 대해 생각해보고자 한다.

일부에서는 최근 제대로 된 경제성장을 위해서는 해고규제완화가 필요하다고 주장하는데, 해고규제완화는 경제성장을 위해 필수적인 걸까?

WEF의 국제경쟁력 평가 보고서에는 경영자를 상대로 한 설문조사로 '어떤 것이 경영에 있어 중요한 과제라고 생각하는가?'라는 질문의 결과가 게재되어 있다. 일본 경영자들이 제1과제로 내세우는 것이 고용 규제였다. 이어 2위가 세율, 4위가 관료조직의 비효율이었다. 3위로 혁신의 문제를 거론했지만, 그 외에 '노동자가, 재무성 관료들이,

정부가 나쁘다'는 식의 남 탓하는 대답이 대부분이었다.

하지만 여기서 중요한 문제는 '고용 규제가 과제'라는 일본 경영자들의 의식이다. 이 문제는 두 가지 논점으로 나누어 생각할 필요가 있다. 첫째, 일본의 고용 규제가 보편적인 관점에서도 심한 것인가? 둘째, 고용 규제와 생산성에는 어떤 상관관계가 있는가? 이 두 가지를 차례로 검증해보자.

고용 규제가 엄격한가

WEF의 〈2017~2018 글로벌 경쟁력 보고서(The Global Competitiveness Report, 2017~2018)〉에 따르면 일본의 노동시장 효율성은 세계 22위다. 해고 규제는 113위로 낮지만, 그 외의 지표에서는 상당히 좋은 평가를 받았다. 해고 수당은 세계 9위, 노사 간 협력은 7위, 임금 설정의 자유도는 15위로 부담이 가벼운 것으로 평가됐다(도표 7-3).

WEF의 자료에 따르면 고용 규제와 생산성의 상관계수는 0.73이다. 일본 고용시장의 평가가 나쁘지 않기 때문에 여기서 고용 규제를 완화한다고 해도 그만큼 생산성이 올라갈 것이라고 기대할 수 없다.

미국보다 일본의 고용 규제가 엄격한 것은 사실이다. 이 점만 놓고 고용 규제가 까다롭기 때문에 생산성에서 미국에 뒤지는 것이라는 핑계를 대는 사람도 있지만, 이는 시야가 좁고 근거가 빈약한 주장일 뿐이다.

| 도표 7-3 | 순위로 보는 노동시장의 효율성

국가	종합	노사 간 협력	급여 설정의 유연성	고용·해고	해고 수당	세제 영향	소득과 생산성의 연관	경영	인재 확보	인재 유치	여성의 경제 참여
캐나다	7	15	25	10	31	26	9	12	15	10	25
프랑스	56	109	59	133	44	119	63	22	75	61	32
독일	14	21	114	18	91	34	7	17	13	13	39
이탈리아	116	102	131	127	12	127	125	94	106	104	89
일본	22	7	15	113	9	37	40	16	44	73	77
영국	6	19	14	8	27	42	18	9	6	3	49
미국	3	14	18	5	1	15	3	13	3	5	56

출처: WEF 자료를 기초로 저자 작성

　　미국은 세계 여러 나라 중 하나에 불과하다. 미국과의 비교만을 내세운다면 근거가 부족할 뿐만 아니라 오해를 초래할 수도 있다. 특히 유럽에 비하면 일본의 고용 규제가 엄격하다고는 말할 수 없다. 그런데도 일본의 생산성 수준이나 성장률은 유럽보다도 낮다. 이는 어떻게 설명할 것인가?

해고규제완화가 필요한가

일본의 고용 규제는 엄격하지 않다. 엄격한 것은 '해고 규제'다. 해고 규제가 완화되면 불필요한 직원을 쉽게 해고할 수 있으므로 경영자는 편해질지도 모른다. 하지만 중요한 것은 경영자가 편해지느냐가 아니라 해고규제완화가 생산성에 어떤 영향을 미치느냐다.

해고 규제를 완화하면 생산성이 높아질까? 실제로 그 둘의 상관관계를 산출해보면 그리 높지 않은 걸로 밝혀졌다. 상관계수는 상당히 낮은 0.32였다. 전 세계적으로 살펴보면 해고 규제가 엄격해도 생산성이 높은 나라가 있고 해고가 쉬운데 생산성이 낮은 나라도 있다. 예를 들어 전자는 스웨덴이나 오스트리아, 후자는 영국과 캐나다다. 그래서 해고 규제를 완화하는 것만으로 생산성이 극적으로 올라갈지에 대해서는 회의적일 수밖에 없다.

해고를 쉽게 하면 생산성이 높아질까? 가격경쟁이 완화될까? 소득 수준이 올라갈까? 해고 규제가 완화된다고 해서 매년 전원을 해고하는 것은 아닐 것이다. 그리고 일부 직원을 해고할 수 있게 된다고 해서 기업의 생산성이 갑자기 향상되는 것도 아니다.

해고 규제의 완화가 어느 정도 생산성 향상에 도움이 될지도 모르겠다. 그러나 생산성에 극적인 효과를 줄지는 매우 의문이고, 사회적 합의 없이 해고 규제를 완화한다면 아마 역효과가 일어날 것이다. 적어도 생산성 향상의 만병통치약은 아니라는 사실만은 단언할 수 있다.

분석 능력이 부족한 경영자들

이처럼 그다지 엄격하지 않은 고용 규제를 경영자들이 제1의 경영 과제로 꼽는 이유는 그들의 분석 능력 수준이 낮기 때문이다.

세계적으로 보아 엄격한 해고 규제를 완화한다고 해도 애초에 해고 규제의 엄격함과 생산성에는 그다지 높은 상관관계가 없기 때문에 큰 효과가 있지는 않을 것이다. 그럼에도 고용 규제를 제1의 경영 과제로 꼽은 것은 그 자체로 경영자들의 분석 능력이 없음을 드러내는 것이다. 앞서 언급한 일본 경영자들의 설문조사 결과를 통해 제대로 조사·분석하지 않고 미국과 일본의 결과치를 단순 비교하여 감각적으로 파악하는 경영자들이 많다는 사실을 할 수 있었다.

만약 경영자들이 상황을 올바르게 인식하고 있다면 그들의 속마음은 둘 중 하나가 될 것이다.

'일본 경제 전체에 대해서는 자신이 상관할 바 아니고 단지 편하게 경영하고 싶을 뿐이다.'

'처음부터 해고 규제가 완화돼도 생산성이 오르지 않는다는 것을 알고 있지만 악의적으로 주장하는 것이다.'

경영자들이 이렇게까지 사악하지 않을 것이라고 믿는다. 오해의 원인은 단지 그들의 조사·분석 능력이 낮기 때문이라고 생각한다.

덴마크의 사례

다시 제7장의 논점으로 이야기를 되돌려보자.

케임브리지대학교의 논문 〈최저임금이 생산성 향상에 미치는 영향: 덴마크, 뉴질랜드 및 아일랜드의 교훈(The Productivity-Enhancing Impacts of the Minimum Wage: Lessons from Denmark, New Zealand and Ireland)〉에서는 제5장과 제6장에서 소개한 최저임금 인상만으로는 고부가가치·고소득 자본주의로 이행할 수 없음을 몇 가지 사례로 소개한다. 특히 뉴질랜드 노동 규제 완화의 역사는 일본에 많은 교훈을 준다.

뉴질랜드 정부는 1991년 노동 규제를 대폭 완화했다. 그에 따라 소득수준이 떨어지고 노동자들의 불만도 높아졌다. 이에 정부는 최저임금을 1999년 6.50달러에서 2007년까지 11.25달러로 무려 73퍼센트나 인상했다. 그 효과인지 2005년의 실업률은 20년 만의 최저 수준으로 떨어졌다. 그러나 뉴질랜드 정부가 목표로 하는 고부가가치·고소득 자본주의로의 이행은 생각만큼 이루어지지 않았다.

케임브리지대학교는 그 원인을 공급 과잉에 따른 가격경쟁이라고 지적했다. 뉴질랜드도 일본과 마찬가지로 작은 기업에서 일하는 노동자의 비율이 높다는 구조적 문제를 안고 있었던 것이다. 일본은 최저임금의 인상만으로는 생산성을 높일 수 없었던 뉴질랜드의 사례를 반드시 참고해야 한다.

반면 고부가가치·고소득 자본주의의 성공 사례로 늘 거론되는 곳이 덴마크다. 덴마크는 노동 규제가 유연한 반면 사회보장이 충실하게 갖춰져 있다. 그래서 덴마크 사회는 'flexible(유연한)'과 'security(보장)'를 합쳐 만든 'flexicurity(유연한 보장)'라는 말로 대변된다.

덴마크에는 전국 공통의 최저임금이 없다. 대신 노사 간 단체교섭을 기본으로 하여 결정되는 업종별 최저임금이 있다. 이 교섭에서는 인재 육성 훈련[OECD의 용어로는 VET(Vocational Education & Training, 직업 교육 및 훈련)라고 부른다]도 다룬다. 이것이 덴마크의 고생산성·고소득 경제의 비결로 분석된다.

덴마크는 기업 연수가 활발할 뿐만 아니라 정부 자체도 OECD 가맹국 중에서 인재 육성 훈련(VET)에 가장 많이 투자하고 있다. VET의 내용을 노사 간에 협의하여 그 내용을 충실하게 업데이트하는 경우가 많다고 한다. 그래서 VET에 대한 평가와 신뢰도가 높다.

뉴질랜드도 덴마크와 같은 정책을 도입했지만, 생산성 향상에 대한 효과는 확인되지 않았다. 케임브리지대학교의 분석에서는 그 원인을 VET의 질적 차이 때문이라고 지적했다. 그뿐만 아니라 덴마크는 뉴질랜드나 일본과는 달리 규모가 작은 기업에서 일하는 생산가능인구의 비율이 상당히 낮다는 점도 지적하고 싶다.

인적자본의 중요성

최저임금 인상은 충격요법이지만 충분히 경제를 바꾸는 계기가 될 수 있다. 하지만 뉴질랜드의 예가 보여주듯 최저임금 인상만으로는 충분하지 않다. 최저임금 인상의 충격 효과를 생산성 향상으로 이어가기 위해서는 덴마크처럼 인재 육성 훈련을 활발하게 함으로써 경영자의 의식 개혁, 기업의 사업모델 변경, 노동자의 기술 향상 등이 동시에 이루어져야 한다.

제6장에서 소개한 영국 정부의 분석 결과에서도 나타난 것처럼 직원 교육을 통한 기술 향상과 생산성 향상의 상관계수는 0.66으로 매우 중요한 요소다. 영국 정부의 또 다른 보고서 〈기술과 평생학습의 미래(Future of Skills and Lifelong Learning)〉에서는 최근 수십 년간 생산성 향상의 20퍼센트는 인적자본 형성에 의해서 설명이 가능하다고 분석했다.

또한 독일의 〈훈련 강도가 생산성 확립에 미치는 영향(The Impact of Training Intensity on Establishment Productivity)〉이라는 보고서에 따르면 훈련을 받은 직원의 비율을 1퍼센트 올리면 다음 3년간 생산성이 0.76퍼센트 오른다고 한다.

앞서 소개한 덴마크 등 생산성이 높은 유럽 국가의 대부분은 인재 육성 훈련을 실시하는 비율이 매우 높았다. 반대로 생산성이 낮은 그리스 등의 나라에서는 훈련 실시율이 낮다는 분명한 차이가 있었다 (도표 7-4).

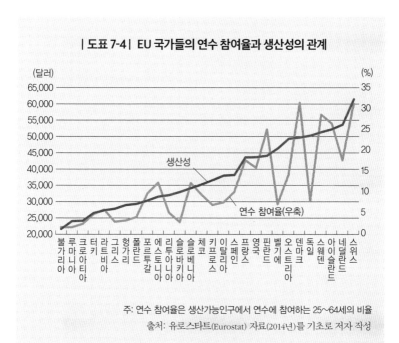

| 도표 7-4 | EU 국가들의 연수 참여율과 생산성의 관계

주: 연수 참여율은 생산가능인구에서 연수에 참여하는 25~64세의 비율

출처: 유로스타트(Eurostat) 자료(2014년)를 기초로 저자 작성

EU의 인재 육성 훈련 참여율과 생산성의 상관계수는 0.5지만, 아일랜드와 룩셈부르크를 제외하면 0.77이다. 이 두 나라를 제외한 이유는 양국 모두 인구가 적어 외국인 노동자나 외국 기업의 아웃소싱이 많다는 특수성이 있어서다.

인재 육성 훈련의 필요성

최저임금 인상을 정당화하려면 그에 걸맞은 노동자의 기술 향상이 필요하다. 그런 관점에서 인적자본 형성을 위해 인재 육성 훈련이 불가결하다는 것은 감각적으로도 이해할 수 있다. 특히 인류의 지식 발전에 의해 탄생한 신기술을 제대로 활용하기 위해서는 기업의 정의, 조직의 구성 등도 바뀌지 않으면 안 된다. 따라서 여기에는 경영자가 깊이 관여할 필요가 있다.

경영자는 새로운 기술을 이해할 뿐만 아니라 그 기술을 활용하기 위해 규칙과 조직, 업무 방식을 어떻게 바꿔야 하는지 고민해야 한다. 경영에 있어서의 문제점을 제대로 파악하고 대처해야 하는 것이다. '기술의 활용법 개혁'이야말로 경영자의 사명이다.

이미 설명한 대로 일본의 생산성을 높이는 데 있어 문제가 되는 것은 사람이나 설비가 아니다. 일본은 전요소생산성에서 생산성 향상의 방안을 찾아야 한다. 즉 사람과 설비의 조합 방법, 운영 방법에서 해법을 찾아야 하는 것이다. 디자인, 발상의 대변환, 창의성의 문제이기 때문에 이는 노동자가 아닌 경영자의 영역이다.

나아가 그 기술을 실제로 사용하는 노동자도 사용법을 이해할 필요가 있다. 또한 이를 위한 교육이나 인재 육성 훈련도 반드시 필요하다.

1990년대 들어 지금까지 일본의 생산성 향상률은 세계 126위로 지극히 낮고, 생산성 순위는 세계 10위에서 28위로 떨어졌다. 일본의 생산성 자체가 떨어진 것은 아니지만 다른 선진국만큼 성장하지 않았기 때문에 순위가 떨어진 것이다.

일본의 생산성이 다른 나라에 비해 향상되지 않았던 데에는 명확한 이유가 있다. 뉴욕 연방은행의 분석에 따르면 새로운 기술을 도입한 미국에서는 노동자가 하던 기존의 업무를 기계화하는 것이 아니라 새로운 기술의 효과를 최대한 끌어내기 위해 조직과 업무 방식을 기술에 맞춰 근본적으로 바꿨다. 반면 일본에서는 기술은 도입해도 기존의 업무 방식과 조직 등 기업의 기반을 바꾸지 않았다. 이것이 양국의 생산성 증가율을 크게 벌린 원인이라고 분석했다. 바로 전요소생산성의 차이인 것이다.

새로운 기술을 도입했으나 생산성 향상으로 이어지지 않은 어느 대형 은행의 사례가 있다. 이 은행에서는 해외 출장을 갈 때 사전에 신고를 해야 했다. 신청서류는 컴퓨터로 작성하여 메일에 첨부파일로 보낸다. 이 첨부파일을 인쇄해서 결재 도장을 찍는다. 그리고 인감을 찍은 실물 서류를 스캔하여 PDF로 만들어서 다음 사람에게 메일로 보낸다. 그 메일을 받은 사람은 또다시 그것을 인쇄하고, 날인하고, 스캔해서 메일로 보내는 것이다. 이런 식의 프로세스가 여러 사람 사이에서 반복돼야 출장을 갈 수 있었다.

혁신적인 기술을 눈앞에 두고도 제대로 활용하지 못한 채 불필요한 업무만 늘어난 것이다. 실제로 이런 비효율이 일본 기업 안에는 평범할 만큼 존재한다. 생산성이 낮을 수밖에 없다.

지금 이야기를 지극히 일부의 사례라고 생각하는 사람도 있을 테지만, 최대 고용주인 정부 행정을 비롯해 사회 곳곳에서 도대체 무엇을 위해 최첨단 기술을 도입했는지 알 수 없을 정도로 구태의연한 업무 방식을 완고하게 고수하는 사례가 넘쳐난다. 요컨대 일본은 아이들에 대한 교육은 훌륭하지만 성인에 대한 교육은 매우 빈약하다.

영국의 사례

이 책을 쓰면서 새롭게 인식한 것이 있다. 최저임금을 올리는 것도, 인재 육성 훈련을 하는 것도, 기업 수를 줄이는 것도, 기술혁신을 하는 것도 개별적으로는 사태를 호전시키는 힘이 없다. 이러한 몇 개의 방안을 동시에 준비하여 연쇄적으로 실현했을 때 비로소 효과가 발휘되는 것이다.

해외에서는 인재 육성 훈련에 관해 다양한 대처가 이루어지고 있다. 해외의 사례를 통해 인재 육성 훈련을 임의에 맡길 것인지 아니면 강제로 할 것인지 여부가 훈련의 성패를 가르는, 대단히 중요한 판단임을 알 수 있었다.

훈련을 강제 도입한 2017년의 영국 사례를 소개하고자 한다. 이미 설명한 것처럼 영국은 최저임금을 정책적으로 인상하며 고부가가치·고소득 자본주의로의 이행을 목표로 하고 있다. 생산성은 어느 정도 향상되기는 했지만, 영국은행은 그 효과가 아직 충분하지 않는 것을 '수수께끼'로 여기며 다음 수를 모색했다. 영국에서는 덴마크 등 성공한 나라의 사례를 분석하여 '견습세 부과(apprenticeship levy)'라는 직업 실습 부과금 제도를 2017년부터 도입했다.

이 제도의 대상은 연간 인건비가 300만 파운드 이상인 기업이다. 직원 훈련을 위해 '연간 인건비의 0.5퍼센트'에서 1만 5,000파운드를 뺀 금액을 징수하는 일종의 세금을 각 기업에 매년 부과하는 것이다.

기업마다 계좌가 개설되어 부과금을 내고 2년 이내에 인재 육성 훈련을 실시하면 그 비용만큼 환급을 받을 수 있다. 기업이 낸 금액에 국가가 10퍼센트의 금액을 보조해준다. 계좌 금액 이상으로 인재 육성 훈련비용이 발생하면 그 부분은 기업이 10퍼센트, 국가가 90퍼센트를 부담한다. 2년 이내에 인재 육성 훈련비로 사용하지 않으면 그 돈은 국가가 몰수한다. 국가에서 지원한 10퍼센트도 마찬가지다. 그뿐만 아니라 연간 인건비가 300만 파운드 이하인 기업은 인재 육성 훈련비의 10퍼센트를 기업이 부담하고 나머지 90퍼센트는 국가가 부담하도록 되어 있다.

영국은 그 전에도 기업의 인재 육성 훈련비를 보조했지만, 그때는 나이 제한이 있었다. 하지만 2017년에 새로 도입된 제도에는 고령화의 흐름을 고려해 인재 육성 훈련 대상자의 연령 제한을 없앴다.

│ 인재 육성 훈련을 강제하지 않으면 발생하는 부작용 1 │

영국이 이 제도를 모든 기업을 대상으로 도입한 것은 생산성 향상에 국가가 크게 관여하고 있다는 증거다. 또한 모든 기업을 대상으로 함으로써 일부 기업의 무임승차 문제를 미연에 막을 수 있다는 것도 주목해야 한다.

만약 모든 기업이 대상이 아니라 희망하는 기업만 대상으로 한다면 제도를 악용해 무임승차하는 기업이 나올 위험이 있다. 무임승차를 하는 방법에는 두 가지가 있다.

하나는 가격경쟁이다. 이 제도를 도입해서 적극적으로 인재 육성을 하는 기업은 그만큼의 비용이 발생한다. 반면 인재 육성 훈련을 실시하지 않고 비용을 들이지 않은 기업은 실시하는 기업에 비해 훈련비용만큼 가격경쟁력이 높아진다. 그렇기 때문에 인재 육성 훈련을 열심히 시행하는 양심적인 기업일수록 자신들의 목을 조이는 결과가 될 수 있다. 이런 결과가 나오는 것은 가격경쟁 때문으로, 저차원 자본주의에 발목이 잡혀 고차원 자본주의로 가는 데 지장을 초래한다.

또 하나의 무임승차 방법은 인재 육성 훈련을 실시하지 않는 기업이 이를 적극적으로 실시하는 기업에서 인재를 빼가는 것이다. 이렇게 함으로써 다른 회사가 열심히 키워놓은 인재를 무임승차로 얻을 수 있다.

이러한 무임승차를 방지하기 위해 영국은 이 제도를 모든 기업 대상으로 할 필요가 있었던 것이다.

인재 육성 훈련을 강제하지 않으면 발생하는 부작용 2

인재 육성 훈련은 임의에 맡길수록 '하는 기업은 열심히 하지만, 하지 않는 기업은 전혀 하지 않는' 편향이 나타난다. 특히 미국이나 유럽의 평생학습이나 인재 육성 훈련 제도의 현황에서 보급률이 문제를 확인할 수 있다.

퓨 리서치 센터의 〈평생학습 및 기술(Lifelong Learning and Technology)〉에 따르면 미국에서는 성인의 74퍼센트가 개인적인 흥미와 취미를 위해 평생학습에 참여한다. 한편 노동자의 65퍼센트, 즉 성인의 36퍼센트가 업무 관련 인재 육성 훈련에 참여한다.

그러나 업무 관련 훈련의 경우 연 소득 7만 5,000만 달러 이상인 노동자들의 참여율이 69퍼센트인 반면 3만 달러 이하인 노동자들의 참여율은 49퍼센트에 그쳤다. 마찬가지로 대졸 이상의 경우 참여율이 72퍼센트지만, 고졸 이하는 49퍼센트로 격차가 벌어졌다. 또한 행정 기관 근무자는 83퍼센트가 참여하는데 반해 영세기업에 근무하는 노동자의 참여율은 50퍼센트에 그쳤다.

이 자료로 알 수 있는 것은 생산성이 높은 계층은 인재 육성 훈련을 받음으로써 생산성이 더욱 높아지는 반면 생산성이 낮은 계층은 인재 육성 훈련을 받는 비율이 낮아 생산성이 향상되지 않고, 생산성이 높은 계층과 더욱 더 그 격차가 벌어진다. 즉 훈련을 임의에 맡기면 격차가 더 벌어질 가능성이 커진다.

영국의 〈기술과 평생학습의 미래〉에서는 2015년 성인의 22퍼센트가 평생학습에 참여했다고 한다. 그러나 미국과 마찬가지로 노동자 중 저소득층의 참여율은 55퍼센트, 고소득자는 84퍼센트로 그 격차가 벌어졌다.

이런 사정을 고려해서 전체 기업으로 대상을 확대하지 않으면 인재 육성 훈련 제도를 도입하더라도 참여하지 않는 기업이 나올 것이 확실하다. 참여하지 않는 기업이 생길수록 국가 전체의 생산성 향상에 전혀 도움이 되지 않는다. 당연히 정책 효과는 제한적일 수밖에 없다. 혁신적 기술의 보급의 문제점과 마찬가지다. 이렇듯 영국이 새로운 인재 육성 훈련 제도를 강제한 것은 모든 기업을 참여하게 만드는 것이 목적이었기 때문이다.

고령화 시대의 인재 육성 훈련

인재 육성 훈련이 생산성 향상에 큰 역할을 할 것으로 기대한다. 그러나 해외의 사례에서 신경이 쓰이는 하나의 경향을 확인할 수 있었다. 그것은 인재 육성 훈련에 참여하는 사람이 젊은 층에 치우쳐 있다는 것이다.

영국에서 새로운 인재 육성 훈련 제도 시행 전 자료를 보면 35세 이후부터 남성들의 인재 육성 훈련 참여율이 뚝 떨어지는 것을 확인할 수 있다. 특히 55세 이상이 되면 남녀 모두 참여율이 급격히 낮아진다(도표 7-5).

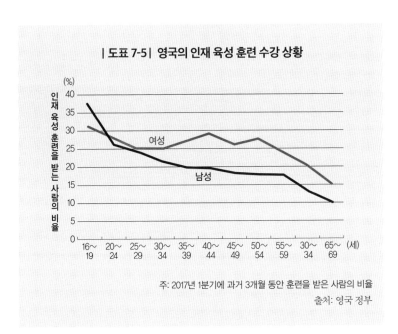

| 도표 7-5 | 영국의 인재 육성 훈련 수강 상황

(%)

인재 육성 훈련을 받는 사람의 비율

여성

남성

16~19 20~24 25~29 30~34 35~39 40~44 45~49 50~54 55~59 30~34 65~69 (세)

주: 2017년 1분기에 과거 3개월 동안 훈련을 받은 사람의 비율

출처: 영국 정부

이 경향은 회사의 위상이 크게 영향을 미칠 것이다. 젊은 사람은 회사에 입사하면 학교를 졸업할 때까지 배운 것을 바탕으로 일을 한다. 하지만 곧 그들은 각각의 회사에 맞는 이른바 '회사 인간'이 되기를 요구받는다. 회사는 그들에게 이를 위한 기초적인 기술을 교육할 필요가 있다.

과거라면 다소 극단적일수도 있지만 단순화된 업무만 계속해도 종신고용을 전제로 젊은 시절에 배운 그 회사만의 기술로도 정년까지 일하는 것이 전혀 불가능하지 않았다. 새로운 생각이나 아이디어는 늘 학교를 졸업하고 갓 입사한 젊은 세대가 제안함으로써 회사 내

신진대사가 이루어졌으니 말이다. 게다가 직원들 중 젊은 세대가 차지하는 비율이 높았을 때는 그것만으로도 회사에는 충분한 자극이 됐다.

하지만 앞으로는 어떨까? 저출생·고령화 사회에서는 젊은 세대를 직원으로 확보하는 것이 점점 어려워진다. 즉 새로운 생각을 가진 사람이 좀처럼 들어오지 않거나 들어온다고 해도 소수파에 그치는 상태가 지속된다. 또한 수명이 늘어남에 따라 기존의 업무 방식이나 낡은 문화·제도 아래서 교육을 받고 그 혜택을 누려온 사람들의 비율이 더욱 더 높아진다. 그러다 보면 자신들이 하는 일이나 조직의 목적에 둔감해지고 아무런 의문을 가지지 않게 된다. 특히 과거의 성공 체험이 많을수록 변화를 두려워하게 된다. 무언가를 바꾸기 위해서는 자신도 배우고 변해야 하지만 대부분은 바꾸지 않는 쪽을 택한다. 이렇게 되면 당연히 조직은 경직된다.

여담이지만 고도성장시대의 일본이 빛날 수 있었던 이유 중 하나는 젊은 세대 인구가 많았기 때문이다. 겁이 없고 조직에 얽매이지 않는 젊은 직원의 비율이 높고, 직원들의 평균 연령이 낮았던 것이 기적이라 불리는 성장을 이끈 원동력 중 하나였던 것이다.

인재 육성 훈련이 가장 필요한 나라

IMF가 내놓은 〈노동력의 고령화가 유럽의 생산성에 미치는 영향(The

Impact of Workforce Aging on European Productivity)〉이라는 보고서는 55세부터 64세까지의 인구가 생산가능인구에서 차지하는 비중이 늘어날수록 전요소생산성이 크게 떨어진다는 분석 결과를 내놓았다. 2014년부터 2035년까지 이 연령층 인구가 늘면 전요소생산성이 연 1퍼센트 향상하던 것이 0.8퍼센트로 하락(20퍼센트의 악영향)할 것이라고 분석했다.

일본처럼 인구가 감소하면서 동시에 저출생·고령화의 영향이 큰 국가(그리스, 이탈리아, 스페인 등)에서도 생산가능인구의 고령화는 전요소생산성 감소분의 무려 60퍼센트를 차지하는 원인이라고 추측한다.

일본은 선진국 중에서 가장 큰 인구 감소와 심각한 저출생·고령화를 안고 있는 나라이므로 생산가능인구의 고령화에 대비해 어느 선진국보다도 인재 육성 훈련과 평생학습에 투자를 해야 한다. 동시에 그 훈련이나 교육의 내용도 업무에 유익한 방향으로 바꿔야 한다.

그럼 일본의 인재 육성 훈련의 현황은 어떨까? 일본생산성본부는 "일본의 인재 육성 훈련 투자는 1990년대 초반에 약 2.5조 엔 안팎이었던 것이 해마다 줄어들어 2010년 이후에는 약 0.5조 엔으로 정점대비 20퍼센트 수준으로 낮아졌다. 서양권 국가와 비교해도 GDP에서 차지하는 인재 육성 투자는 현저히 낮다"고 분석한다(도표 7-6).

OECD의 핀란드와 일본의 생애 통학률 비교 자료에 따르면 일본 국민들은 25세 이상이 되면 거의 학교에 다니지 않는다. 고치공과대학교가 내놓은 논문 〈일본의 평생학습 현황과 과제〉에서도 25세 이상의 통학률이 일본은 2.0퍼센트에 불과하지만, OECD 평균은 21.1퍼

센트라고 지적했다. 그뿐만 아니라 평생학습의 내용도 일본의 상당수
는 다도나 장기, 음악교실처럼 취미를 중심으로 한 것이 많았다.

앞서 "들어가며"에서도 언급했지만 일본에서는 여전히 '교육=22세
까지 받는 것'이라는 생각이 압도적인 주류를 이루고 있다. 국민의 55
퍼센트가 24세 이하였던 1950년대의 잔재일 것이다. 그러나 2030년
에는 국민의 약 82퍼센트가 25세 이상이 된다. 자녀교육에 대해서는
여전히 논의가 활발하지만 현실을 고려했을 때 이제 그 교육의 주제
가 좀 더 다양해져야 할 것이다.

고령화가 진행될수록 인생 초기에 받은 교육만으로는 충분하지 않
아 생산성 향상이 어려워진다. 그렇기 때문에 영국에서는 연령에 관계

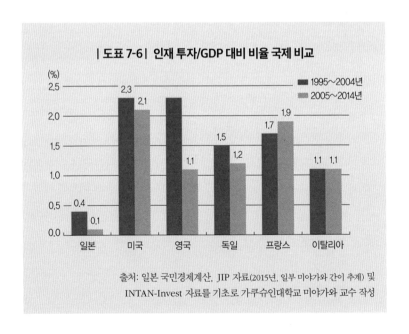

| 도표 7-6 | 인재 투자/GDP 대비 비율 국제 비교

출처: 일본 국민경제계산, JIP 자료(2015년, 일부 미야가와 간이 추계) 및
INTAN-Invest 자료를 기초로 가쿠슈인대학교 미야가와 교수 작성

없이 인재 육성 훈련을 받을 수 있는 제도를 도입한 것이다. 이 제도는 또 다른 장점이 있다. 바로 회사에 재직하면서 재교육을 받을 수 있다는 점이다. 이 제도는 회사를 그만두면 누릴 수 없다. 공부를 하고 싶으면 회사를 그만두거나 야간 학교에 다닐 수밖에 없었던 폐해가 이 제도로 해결된 것이다.

경영자 교육이 먼저다

평생학습을 강화하여 노동자들이 기술혁신에 대응할 수 있도록 교육한다고 해도 그 기술을 사용해 활약할 장이 없으면 보물을 썩히는 셈이 된다. 노동자에게 적절한 역할을 부여하기 위해서는 경영자의 질도 높여야 한다. 그러기 위해서라도 역시 교육·인재 육성 훈련이 반드시 필요하다.

노동자 교육과 함께 경영자 교육도 진행하지 않으면 성과가 없이 결국 허사로 끝날 수 있다. 게다가 경영자는 가능한 한 구체적으로 조직을 어떻게 바꿀 것인지를 결정해야 한다. 경영자들이 배워야 할 것은 기술혁신의 지식과 그것을 사용하기 위한 메타 스킬이다. 자사의 과제에 응용 가능한 문제 해결 방법이나 비즈니스 모델의 분석 등이다.

'그 정도는 나도 할 수 있다'고 말할지도 모른다. 그러나 낮은 생산성이 수많은 영세기업과 중소기업 경영자들의 부족한 경영능력을 대변해주고 있다.

해외의 연구에서도 밝혀졌듯 기업의 규모가 작아질수록 경영자의 질이 떨어지는 경향이 있다. 시장이 세분화되어 작은 기업이 북적대는 일본의 경우 경영자의 질이 어떨지는 미루어 짐작할 수 있다. WEF의 분석에 따르면 일본의 건강과 기초 교육의 순위는 세계 7위로 평가됐다. 그러나 고등교육 이상에서는 그 순위가 23위로 크게 떨어진다. 세계적으로 보면 생산성과의 상관계수가 높은 것은 고등교육 이상의 조건이다. 특히 눈에 띄는 것은 비즈니스스쿨의 순위가 59위로 매우 낮다는 것이다.

글로벌화에 의해 기술혁신의 속도가 점점 빨라지는 지금 경영자에게 회사를 민첩하게 변화시키는 능력이 요구된다. 그러나 일본 경영자들의 민첩성은 세계 63개국 중 57위다. IT의 진보에 의한 빅데이터 등의 활용을 포함하여 조사·분석의 방법도 점차 고도화되어 과학적으로 경영할 수 있게 됐다. 그럼에도 불구하고 일본에는 여전히 경험과 감과 담력을 중요하게 여기는 경영자들이 많다. 그래서 분석 능력은 63개국 중 59위, 유능한 경영자의 비율은 58위, 경영 교육은 53위로 참담한 평가를 받은 것이다.

나라의 경제를 짊어진 경영자들의 교육은 국가의 가장 중요한 과제 중 하나다.

시급한 재교육의 개혁

고부가가치·고소득 자본주의로의 이행을 목표로 한다면 고령자 대국인 일본에는 본격적인 성인 재교육 제도가 반드시 필요하다. 그것도 어설픈 것이 아니라 세계가 놀랄 정도의 높은 질을 담보한 제도가 요구된다.

앞으로 일본에서는 아이의 수가 줄어들기 때문에 대학이 남아돌게 될 것이다. 일부는 다른 아시아 국가들로부터 유학생들을 받아들임으로써 부족분을 채우는 것이 가능할지 모르지만 전부를 커버하는 것은 도저히 불가능하다. 그렇다면 남아도는 대학의 역량을 활용해서 고령화하는 경영자들의 재교육에 적극적으로 나서야 한다. 이는 상당히 합리적인 방법이라는 생각한다.

사람들의 수명이 짧은 시대에는 사회를 지탱하기 위해서 많은 아이들이 필요했다. 그뿐만 아니라 젊었을 때 인생에 필요한 기술을 배우는 것만으로도 충분했다. 하지만 앞으로는 수명은 길어지고 동시에 새로운 생명에 의한 신진대사의 속도도 둔화한다. 그러면 개개인의 삶 속에서 꾸준한 신진대사가 필요하게 된다.

가령 18세까지 교육을 받고 40세에 타계한다면 교육에서 얻은 지식은 이 사람의 인생 후반인 22년 동안 사용되고 새로운 지식이나 식견은 다음 세대에 의해 탄생한다. 반면 요즘처럼 18세까지 교육을 받고 65세까지 일해야 한다면 교육으로 얻은 지식이 47년 동안 쓰인다. 당연히 처음 배웠던 지식과 경험은 세월에 의해 구닥다리가 된다.

일본은 초고령화시대를 대비하기 위해 정년 연장이나 정년 후 재고용을 기업에 요구함으로써 가능한 한 연금 지급 시기를 뒤로 미루도록 하려고 한다. 하지만 이를 위해서는 더욱 더 재교육이 필요성이 대두된다.

자녀 교육에 관해서는 획기적인 변화를 꾀하여 창의성과 사고능력, 개성을 연마할 수 있도록 해야 한다는 의견을 자주 듣는다. 당연히 아이들을 위한 공교육의 개혁도 중요하다. 그러나 교육의 중심을 아이들에게만 한정시키는 것은 과거의 패러다임에 얽매여 있는 것이 아닐까?

새로운 교육을 받은 아이들이 사회로 나와 새로운 시대를 만들어주리라는 기대는 어쩌면 앞으로는 어려울 것이다. 지금의 저출생·고령화를 생각하면 이들만으로는 사회를 지탱하기 어렵다. 이미 학교를 졸업하고 사회에 나온 성인들이 인구의 4분의 3을 차지하는 시대가 온다. 이 패러다임의 대변환에 대응하기 위해서는 교육의 기본 대상이 성인이라는 새로운 패러다임을 받아들여야 한다. 그렇지 못하면 일본은 영원히 발전하기 어려울 것이다.

이미 설명한 것처럼 고부가가치·고소득 자본주의로 이행하기 위해서는 정책이 포괄적이어야 한다. 모든 정책을 동시에 도입해 시행하지 않으면 안 된다. 새로운 기술, 새로운 기업모델, 노동자의 기술 향상 그리고 고차원 자본주의를 실현하기 위해서 반드시 필요한 경영자의 능력 향상을 지원하는 제도가 반드시 필요하다.

문제는 최저임금이다

일본은 세계 제일의 인구 감소와 고령화가 동시에 이루어지는 사회가 되어가고 있다. 어느 선진국보다 빠르고 크게 인구가 감소하고 고령화가 진행되고 있다. 일본이 이에 잘 대처하고 있다면 전 세계에서 수많은 전문가들이 찾아와 일본의 정책을 연구해야 할 것이다. 일본의 대학도 인구 감소와 금융정책, 고령화와 생산성, 고령화와 교육 등에 관해 최첨단의 연구 결과를 발표하고 있을 것이다. 수많은 선진국들이 서로 경쟁적으로 연구 결과들을 배워서 자국의 미래에 어떻게 적용할지를 모색하고 있을 것이다.

그러나 실제로 일본에서 논의되는 정책은 소비세 10퍼센트 인상이나 외국인 노동자의 적극적인 수용, 양적완화, 제로 금리, 재정 건전화 등의 미시적이고 지엽적인 것에 불과하다. 심지어 과거에도 이루어졌던 비슷한 정책을 새삼스럽게 논의하는 데 그치고 있다. 결국 기존의 경제모델을 미세조정하려는 속셈이다. 인구 감소와 고령화의 물결이 제일 먼저 코앞에 다가왔는데도 여전히 안이하고 평범한 정책에 사로잡혀 있다. 미지의 길을 개척하겠다는 각오나 패기는 조금도 느껴지지 않는다. 인구 감소와 고령화라는 패러다임의 대변환에도 경제학자들은 '지금의 문제는 디플레이션의 결과이므로 양적완화를 하면 회복된다'라는 시야가 좁은 제안만 하고 있다.

인구 증가라는 패러다임에서 만들어진 경제시스템이 인구 감소와 고령화라는 새로운 패러다임에서 제대로 작동할 리가 없다. 제도를 근본적으로 다시 생각하고 만들어야 한다. 연금제도, 소비세, 국가부채 등 여러 문제의 근본적이고 공통된 원인은 낮은 소득이었다. 연금 수급 연령을 끌어올리고, 소비세를 10퍼센트로 올리고, 국가부채를 줄이는 것은 본질적인 대책이 아니다. 한시라도 빨리 대책을 마련하지 않으면 골든타임을 놓치게 된다.

실행해야 할 정책은 명확하다. 먼저 소득을 지속적으로 올리는 것이다. 그 효과로 생산성이 높아진다. 여기에는 조건이 필요하다. 기업의 규모를 키워야 하는 것이다. 이에 따라 수출이 활발해질 것이다. 신기술의 보급도 원활해진다. 그리고 소득이 늘기 때문에 세수도 늘어난다. 주가도 오르고 재정도 개선된다. 요컨대 지금의 악순환을 선순환으로 바꿔야 한다.

이는 저절로 이루어지는 것이 아니다. 인위적인 제도와 정책이 뒷받침되어야 선순환 구조가 완성된다. 경영자들이 자기중심적이고 단기적으로 생각한다면 임금을 순순히 올릴 리가 없다. 그뿐만 아니라 기업의 규모 확대 또한 경영자가 스스로 실행할 리가 없다. 장기적 관점에서 회사와 직원들을 위하는 것임에도 말이다.

일본에는 '노동력 부족'이라는 개념이 여전히 존재한다. 선진국에서는 노동력 부족이라는 개념이 사라진 지 오래다. 하지만 일본에서 말하는 '노동력 부족'은 어디까지나 '사람을 값싸게 사용하여 지금의 경제시스템을 유지하고 싶다'는 기존의 사고방식을 고수하는 경영자들의 마인드에서 비롯된 것이다. 변화의 흐름에 발맞추지 못하고 고정관념에 사로잡힌 경영자들의 어리석고 바보 같은 논리다.

훌륭한 노동력이 부족하다면 사람을 보다 효과적으로 쓸 수 있는 시스템을 만들면 된다. 이것도 일종의 패러다임의 대변환이다. 하지만 구태의연한 사고방식에 사로잡힌 경영자들을 바꾸려면 정부가 나설 수밖에 없다. 정부는 새로운 패러다임에 맞는 경제시스템을 만들어야 한다. 이를 위해서는 모든 기업과 경영자, 노동자를 동시에 움직일 수 있는 '키스톤(key stone, 핵심 기조)'을 찾아내지 않으면 안 된다.

나는 그 키스톤이 바로 '최저임금의 지속적인 인상'이라는 결론에 이르렀다. 이 정책을 실시하지 않는 한 일본 경제가 선순환으로 전환하는 일은 없을 것이다.

일본의 인재와 사회제도는 우수하다. 그러므로 일본의 잠재력을 믿고 도전한다면 인구 감소와 고령화에 잘 대처할 수 있다는 것에 의심의 여지가 없다. 그러나 잠재력을 발휘하려면 경제시스템의 패러다임을 개혁해야 한다.

인구 감소와 고령화의 영향은 너무나도 강력해서 피할 수 있는 방법이 없다. 이는 일본만의 문제도 아니다. 일본이 먼저 맞이하는 것일 뿐이다. 지금 개혁을 외면하더라도 언젠가는 개혁을 할 수밖에 없는 처지가 된다. 아직 골든타임이 끝나지 않았다. 정부 그리고 모든 국민이 잠재력과 가능성을 깨닫고 지금 바로 행동을 개시해야 한다.

경쟁하는 수축사회, 한국과 일본

데이비드 콜먼(David Coleman) 옥스퍼드대 교수는 저출생으로 인한 '인구 소멸 국가 1호'가 한국이 될 것이라는 충격적인 발표를 하였다. 실제로 출생율 하락을 이대로 방치한다면 2100년 한국의 인구는 지금의 절반도 안 되는 2,000만 명으로 줄어들고, 2300년이 되면 사실상 소멸 단계에 들어가게 된다는 전망이다.

2019년 3월 28일 통계청은 심각한 저출생의 영향으로 한국의 총인구가 2028년 5,194만 명으로 정점을 찍은 뒤 2029년부터 본격적으로 감소세로 돌아설 것으로 예측했다. 그런데 불과 1년이 지난 2020년 3월 25일 통계청은 자신들의 전망치를 수정했다. 한국의 연간 인구가 감소하는 시점이 예상보다 무려 8년이나 앞당겨져 올해인 2020년부터 인구 감소가 시작될 것이라고 발표한 것이다.

세계 주요국 가운데 우리와 같은 고령화나 저출생으로 인한 인구 감소 문제를 겪고 있는 유일한 나라가 바로 일본이다. 이것은 다른 말로 하면 지구상에서 '인구 감소를 전제로 한 경제 모델'에 대한 경험을 하는 나라가 일본밖에 없다는 말이다. 인구 증가와 생산가능인구의 증가를 통한 성장 전제의 팽창 사회가 아니라 인구 감소와 생산가능 인구의 감소로 인한 축소 전제의 수축 사회 모델에 대한 경제이론이나 경험이 불행하게도 지구상에는 일본밖에 없다.

그런 의미에서 비록 지금 일본이 지는 해에 비견될 정도로 후퇴하는 듯 보이지만, 인류 역사상 처음 겪는 '저출생 고령화로 인한 인구 감소하에서의 경제'에 대한 대응과 시행착오라는 측면에서는 여전히 우리에게 시사하는 바가 크다고 할 수 있다.

| IMF 세계 경제성장률 전망 |

국가	2019년	2020년		2021년	
		2020년 1월	2020년 4월	2020년 1월	2020년 4월
세계	2.9	3.3	−3.0	3.4	5.8
선진국	1.7	1.6	−6.1	1.6	4.5
미국	2.3	2.0	−5.9	1.7	4.7
EU	1.2	1.3	−7.5	1.4	4.7
일본	0.7	0.7	−5.2	0.5	3.0
한국	2.0	2.2	−1.2	2.7	3.4
신흥개도국	3.7	4.4	−1.0	4.6	6.6
중국	6.1	6.0	1.2	5.8	9.2
인도	4.2	5.8	1.9	6.5	7.4
러시아	1.3	1.9	−5.5	2.0	3.5
브라질	1.1	2.2	−5.3	2.3	2.9

자료: 국제통화기금(IMF) 2020년 4월 14일 '세계경제전망' 발표, 단위: %
출처: 연합뉴스

2020년 세계는 전례 없는 경험을 하고 있다. 바로 코로나19로 인한 급격한 경제의 후퇴다. 주요 선진국들이 큰 폭의 역성장을 기록할 것으로 예상되는 가운데 그나마 한국은 2020년 -1.2%의 소폭의 역성장 후 2021년 2.7%로 V자 회복을 할 것으로 기대하고 있다. 그만큼 코로나19 사태에서 보여준 한국 정부와 국민 참여에 의한 대응이 훌륭한 평가를 받고 있고, 그 결과 한국 경제에 대해 보다 나은 전망을 가능하게 하는 것이다.

한국은 내부적으로 고령화와 저출생으로 인한 인구 감소의 문제와 더불어 외부로부터 기술혁신의 파도가 밀려오고 있다. 사물인터넷, 빅데이터, 인공지능 등으로 상징되는 새로운 기술들은 아주 빠른 속도로 일자리를 잠식해 들어올 것이다. 이를 위한 기존 인재들에 대한 재교육이나 산업구조의 재편 등의 문제가 산적해 있는 것도 사실이다. 바로 이러한 시점에 우리에게 타산지석이 되어줄, 아주 좋은 책을 소개하게 되어 무척이나 기쁘다. 조금만 늦었어도 큰일 날 뻔했다는 긴장감과 그래도 아직은 늦지 않았고, 우리에게는 기회가 있다는 안도감을 함께 느낀다.

모든 법칙에는 전제가 있다. 물이 섭씨 100도에서 끓는다는 법칙에는 1기압과 순수라는 전제가 있다. 마찬가지로 지금까지 우리가 경험한 모든 경제이론과 법칙은 인구의 유지 또는 증가를 전제로 한 모델이다. 그 전제가 바뀌게 되면 지금까지의 사고와 행동의 예측 결과가 전부 틀어지게 되는 이른바 '패러다임 대변환'을 경험하게 된다. 일본은 그렇게 30년의 세월을 잃었다. 이제 마지막 기회라고 여기는 저자 데이비드 앳킨슨은 이 책에서 일본이 살아남을 수 있는 생존의 회로를 보여주기 위해 필사적인 노력을 다한다. 그리고 단언컨대 그의 조언은 그대로 우리에게도 적용될 수 있다.

우리는 1000년 이상 일본을 이끌어오던 역사에서 식민지를 거쳐 최근 100년간 일본의 뒤를 따라 걸었다. 사실이다. 한국을 알고 싶다면 일본을 보라고도 했었다. 하지만 모두가 아는 바와 같이 IMF 사태를 계기로 우리는 조금씩 다른 길을 선택했다. 주요 산업에서 일본을 추월했고, 착실하게 따라잡았다. 그리고 마침내 국제통화기금(IMF)은 한국이 2023년께 PPP 기준 1인당 GDP가 일본을 넘어설 것으로 예상했으나 이보다 몇 년을 앞당겨 일본을 추월하는 데 성공했다. 그런데 유감스럽게도 일본을 추월한 것은 1인당 GDP만이 아니다. 신생아 출생률도 일본을 추월하여 세계에서 가장 낮고, 고령화 속도도 일본을 추월하여 세계에서 가장 빠른 속도를 보이고 있다. 그런 의미에서 일본은 우리에게 있어 마지막으로 한 번 더 거울의 역할을 할 것으로 보인다.

일본은 우리보다 다소 앞서서 경험한 저출생 고령화의 문제와 동일한 시기에 경험하는 기술혁신(사물인터넷, 빅데이터, 인공지능 등)의 파고 앞에서 어떻게 해야 1인당 노동생산성과 1인당 GDP를 유지하거나 증가시킬 수 있을지, 그리고 어떻게 해야 수축 사회의 숨통을 열고 활력을 불러일으킬 수 있을지에 대한 기본적인 패러다임의 이해는 물론, 최근 코로나19 사태로 큰 관심을 불러일으키고 있는 기본소득에 대한 전향적인 상상에 이르기까지 가까운 미래를 결정하는 '우리의 선

택지'에 대한 학습 비용을 덜어줄 수 있는 좋은 참고서가 될 것이라고
생각한다.

우리는 길을 찾아낼 것이다.

언제나 그랬듯이.

임해성

참고문헌

제1장

- Jong-Won Yoon, Jinill Kim, and Jungjin Lee, "Impact of Demographic Changes on Inflation and the Macroeconomy," IMF Working Paper, WP/14/210, November, 2014.
- Adam Ozimek, "Population Growth and Inflation: A New Study Suggests Weak Population Growth Can Be a Significant Headwind for Inflation," Moody's Analytics, August 31, 2017.
- Yihan Liu and Niklas Westelius, "The Impact of Demographics on Productivity and Inflation in Japan," IMF Working Paper, WP/16/237, December 2016.
- Derek Anderson, Dennis Botman, and Ben Hunt, "Is Japan's Population Aging Deflationary?" IMF Working Paper, WP/14/139, August 2014.
- Mikael Juselius and Előd Takáts, "Can Demography Affect Inflation and Monetary Policy?" BIS Working Papers, No.485, February 2015.
- Patrick Imam, "Shock from Graying: Is the Demographic Shift Weakening Monetary Policy Effectiveness," IMF Working Paper, WP/13/191, September 2013.
- Nicoletta Batini, Brian Jackson, and Stephen Nickell, "Inflation Dynamics and the Labour Share In the UK," External MPC Unit Discussion Papers, No.2, November 2000.
- Tom Rutter, "Must Quantitative Easing end in Inflation?" The Royal Economic Society, The 2013 Young Economist of the Year Competition, 2013.
- Jesús Fernández-Villaverde and Dirk Krueger, "Consumption over the Life Cycle: Facts from Consumer Expenditure Survey Data," *Review of Economics and Statistics*, Vol.89, No.3, 2007.

- Noriko Tsuya, "The Impacts of Population Decline in Japan: Demographic Prospects and Policy Implications," Reexamining Japan in Global Context, Forum 005 Special Report, 2006.

제2장

- E. Wesley F. Peterson, "The Role of Population in Economic Growth," SAGE Open, October 11, 2017.
- Michael Jacobs, "A New Form of Capitalism," Fabian Society, January 3, 2018.
- Darius Ornston, "When the High Road Becomes the Low Road: The Limits of High-Technology Competition in Finland," *Review of Policy Research*, Vol.31, No.5, 2014.
- Erik Olin Wright and Joel Rogers, *American Society How It Really Works,* Chapter 9: High-Road Capitalism, W.W. Norton, 2010.
- Robert D. Atkinson, "Competitiveness, Innovation and Productivity: Clearing up the Confusion," The Information Technology & Innovation Foundation, August 2013.
- "Lifting the Trophy: Scale-Up Insights Into the Productivity Prize," Confederation of British Industry, July 2016.
- José Luis Iparraguirre D'Elia, "The Five Drivers of Productivity. How Much Does Each One Contribute? Causal Analysis of Regional Labour Productivity in the UK," ERINI Monographs, No.14, September 2006.

제3장

- Joachim Wagner, "Exports and Productivity: A Survey of the Evidence from Firm Level Data," University of Lüneburg Working Paper Series in Economics, No.4, March 2005.

- Joachim Wagner, "Exports and Productivity in Germany," University of Lüneburg Working Paper Series in Economics, No.41, March 2007.
- Megha Mukim, "Does Exporting Increase Productivity? Evidence from India," mimeo, London School of Economics, June 20, 2011.
- Helmut Fryges and Joachim Wagner, "Exports and Productivity Growth: First Evidence from a Continuous Treatment Approach," IZA Discussion Paper Series, No.2782, May 2007.
- Andrew B. Bernard and J. Bradford Jensen, "Exporting and Productivity," NBER Working Paper, No.7135, May 1999.
- Kazuo Ogawa and Ichiro Tokutsu, "Productivity, Firm Size, Financial Factors, and Exporting Decisions: The Case of Japanese SMEs," RIETI Discussion Paper Series, 15-E-031, March 2015.
- Cassey Lee, "Innovation, Productivity and Exports: Firm-Level Evidence from Malaysia," University of Nottingham Malaysia Campus Working Paper Series, Vol. 2008-06, March 2008.
- Churen Sun and Tao Zhang, "Export, Productivity Pattern, and Firm Size Distribution," MPRA Paper, No.36742, January 3, 2012.
- Cassey Lee, "The Exporting and Productivity Nexus: Does Firm Size Matter?" ISEAS Economics Working Paper, No.2014-1, August 2014.
- Sangho Kim, Hyunjoon Lim, and Donghyun Park, "The Effect of Imports and Exports on Total Factor Productivity in Korea," RIETI Discussion Paper Series, 07-E-022, April 2007.
- "How Imports Improve Productivity and Competitiveness," OECD, May 2010.
- László Halpern, Miklós Koren, and Ádám Szeidl, "Imports and Productivity," IEHAS Discussion Papers, No.MT-DP, September 2005.
- Mariarosaria Agostino, Anna Giunta, Domenico Scalera, and Francesco Trivieri, "Imports, Productivity and Global Value Chains: A European Firm-Level Analysis," Paper Presented at the Workshop, Roma Tre

University, December 2015.

- Nicholas Bloom, Mirko Draca, and John Van Reenen, "Trade Induced Technical Change? The Impact of Chinese Imports on Innovation, IT and Productivity," NBER Working Paper, No.16717, January 2011.

제4장

- Danny Leung, Césaire Meh, and Yaz Terajima, "Firm Size and Productivity," Bank of Canada Working Paper, 2008-45, November 2008.
- John Haltiwanger, Henry Hyatt, and Erika McEntarfer, "Firm Size, Wages, and Productivity," mimeo, Center for Economic Studies, U.S. Census Bureau, December 10, 2014.
- Dan Andrews, Chiara Criscuolo, and Peter N. Gal, "The Best Versus the Rest: The Global Productivity Slowdown, Divergence Across Firms and the Role of Public Policy," OECD Productivity Working Papers, No.5, November 2016.
- Dany Bahar, "The Middle Productivity Trap: Dynamics of Productivity Dispersion," Global Economy and Development Working Paper, No.107, September 2017.
- John Schmitt and Nathan Lane, "An International Comparison of Small Business Employment," Center for Economic and Policy Research, August 2009.
- "Small Businesses, Job Creation and Growth: Facts, Obstacles and Best Practices," OECD, 1997.
- Anne Marie Knott and Carl Vieregger, "All Hail Large Firm Innovation: Reconciling the Firm Size and Innovation Debate," mimeo, Washington University, March 12, 2015.
- Sophie(So-Hyung) Park, "R&D Intensity and Firm Size Revisited,"

mimeo, University of California Los Angeles, January 22, 2011.

- Jinyoung Kim, Sangjoon John Lee, and Gerald Marschke, "Relation of Firm Size to R&D Productivity," mimeo, SUNY, June 2004.

- Akiko Nakajo, "Analysis of Firm Size Effect on R&D Activities in Japan," *Journal of Applied Input-Output Analysis,* Vol.2, No.2, 1995.

제5장

- David Card and Alan Krueger, "Minimum Wages and Employment: A Case Study of the Fast-Food Industry in New Jersey and Pennsylvania," *American Economic Review,* Vol.84, No.4, 1994.

- Dale Belman and Paul J. Wolfson, *What Does the Minimum Wage Do?,* W.E. Upjohn Institute for Employment Research, 2014.

- Fernando Galindo-Rueda and Sonia Pereira, "The Impact of the National Minimum Wage on British Firms," Final Report to the Low Pay Commission on the Econometric Evidence from the Annual Respondents Database, 2004.

- Rebecca Riley and Chiara Rosazza Bondibene, "The impact of the National Minimum Wage on UK Businesses," National Institute of Economic and Social Research and Centre For Macroeconomics, February 2015.

- Marian Rizov, Richard Croucher, and Thomas Lange, "The UK National Minimum Wage's Impact on Productivity," *British Journal of Management,* Vol.27, May 23, 2016.

- Rebecca Riley and Chiara Rosazza Bondibene, "Raising the Standard: Minimum Wages and Firm Productivity," NIESR Discussion Paper, No.449, May 2015.

- David Metcalf, "On the Impact of the British National Minimum Wage on Pay and Employment," mimeo, London School of Economics, 2006.

- Marco Hafner, Jirka Taylor, Paulina Pankowska, Martin Stepanek, Shanthi Nataraj, and Christian Van Stolk, "The Impact of the National Minimum Wage on Employment: A Meta-Analysis," Rand Europe, 2017.
- Stephen Machin, Alan Manning, and Lupin Rahman, "Where the Minimum Wage Bites Hard: Introduction of Minimum Wages to a Low Wage Sector," *Journal of the European Economic Association*, Vol.1, No.1, 2003.
- Mirko Draca, Stephen Machin, and John Van Reenen, "The Impact of the National Minimum Wage on Profits and Prices," mimeo, London School of Economics, February 2005.
- Sara Lemos, "The Effect of the Minimum Wage on Prices," IZA Discussion Paper, No.1072, March 2004.
- Laura Giuliano, "Minimum Wage Effects on Employment, Substitution, and the Teenage Labor Supply: Evidence from Personnel Data," mimeo, University of Miami, 2009.
- Marian Rizov and Richard Croucher, "The Impact of the UK National Minimum Wage on Productivity by Low-Paying Sectors and Firm-Size Groups: Report to the Low Pay Commission," Middlesex University Research Repository, March 2011.
- Richard Croucher and Geoff White, "Enforcing a National Minimum Wage: The British Case," *Policy Studies*, Vol.28, No.2, 2007.
- Tony Fang and Carl Lin, "Minimum Wages and Employment in China," IZA Discussion Paper, No.7813, December 2013.
- Jisun Baek, Changkeun Lee, and WooRam Park, "Minimum Wage Introduction, Employer Response, and Labor Productivity of Firms: Evidence from South Korea."
- "Raising Lower-Level Wages: When and Why It Makes Economic Sense," PIIE Briefing, No.15-2, April 2015.
- David S. Lee, "Wage Inequality in the United States during the 1980s:

Rising Dispersion or Falling Minimum Wage?" *Quarterly Journal of Economics*, Vol.114, No.3, 1999.

• Sofia Bauducco and Alexandre Janiak, "The Macroeconomic Consequences of Raising the Minimum Wage: Capital Accumulation, Employment and the Wage Distribution," *European Economic Review*, Vol.101, January 2018.

• Federico Cingano, "Trends in Income Inequality and its Impact on Economic Growth," OECD Social, Employment and Migration Working Papers, No.163, 2014.

• Jill Rubery and Damian Grimshaw, "Gender and the Minimum Wage," Paper Prepared for the ILO Conference 'Regulating for Decent Work,' July 2009.

• Adam Tinson, Hannah Aldridge, and Graham Whitham, "Women, Work and Wages in the UK," New Policy Institute, October 2016.

• David Neumark, "Employment Effects of Minimum Wages," IZA World of Labor, 2014.

제6장

• José Luis Iparraguirre D'Elia, "The Five Drivers of Productivity. How Much Does Each One Contribute? Causal Analysis of Regional Labor Productivity in the UK," ERINI Monographs, No.14, September 2006.

제7장

• Carl Magnus Bjuggren, "Employment Protection and Labor Productivity," *Journal of Public Economics*, Vol.157, January 2018.

• Colm McLaughlin, "The Productivity-Enhancing Impacts of the Minimum Wage: Lessons from Denmark, New Zealand and Ireland,"

Centre for Business Research, University of Cambridge Working Paper No.342, June 2007.

- Shekhar Aiyar, Christian Ebeke, and Xiaobo Shao,"The Impact of Workforce Aging on European Productivity," IMF Working Paper, No.16/238, December 8, 2016.

- National Academies Press, *Aging and the Macroeconomy: Long-Term Implications of an Older Population,* Chapter6: Aging, Productivity and Innovation, National Academies Press, 2012.

- "Future of Skills and Lifelong Learning," UK Government Office for Science, November 27, 2017.

- "Future of an Ageing Population," UK Government Office for Science, July 7, 2016.

- "Sectoral Training Funds in Europe," European Centre for the Development of Vocational Training, Cedefop Panorama Series, No.156, 2008.

- Mary O'Mahony, "Human Capital Formation and Continuous Training: Evidence for EU Countries," *Review of Income and Wealth,* Vol.58, No.3, 2012.

- Matteo Picchio, "Is training Effective for Older Workers?" IZA World of Labor, January 2015.

- Thomas Zwick, "The Impact of Training Intensity on Establishment Productivity," *Journal of Economy and Society,* Vol.45, No.1, 2006.

- John B. Horrigan, "Lifelong Learning and Technology," Pew Research Center, March 22, 2016.

- "Three Things Employers Need to Know About: Training and Development for Workers 50+," The Sloan Center on Aging & Work at Boston College, 2016.

- Kathrin Hoeckel, "Costs and Benefits in Vocational Education and Training," OECD, 2008.

위험한 일본
경제의 미래

초판 1쇄 인쇄 2020년 5월 12일
초판 1쇄 발행 2020년 5월 20일

지은이 데이비드 앳킨슨
옮긴이 임해성
펴낸이 신경렬

편집장 유승현 책임편집 황인화 편집 김정주
마케팅 장현기 정우연 정혜민
디자인 엔드디자인
경영기획 김정숙 김태희 조수진
제작 유수경

펴낸곳 ㈜더난콘텐츠그룹
출판등록 2011년 6월 2일 제2011-000158호
주소 04043 서울시 마포구 양화로12길 16, 7층(서교동, 더난빌딩)
전화 (02)325-2525 | 팩스 (02)325-9007
이메일 book@thenanbiz.com | 홈페이지 www.thenanbiz.com

ISBN 978-89-8405-991-7 (03320)

이 도서의 국립중앙도서관 출판예정도서목록(CIP)은
서지정보유통지원시스템 홈페이지(http://seoji.nl.go.kr)와
국가자료공동목록시스템(http://www.nl.go.kr/kolisnet)에서 이용하실 수 있습니다.
(CIP제어번호: 2020016735)